お葬式の言葉と風習

柳田國男『葬送習俗語彙』の絵解き事典

繁行

創元社

はじめに

二十年前、富山県のある村で野焼き火葬についての聞き取り調査中のことだった。村で火葬が上手という評判の老人は「昔、人間の脳味噌の黒焼きを食べたと聞いたことがあります。さあ、体にいいちゅうてね」と、呵々と笑った。

この話を聞いた私は内心驚いた。半信半疑だったが、昔の土葬・野辺送りを調べていくうちに、死人の頭を黒焼きにして服すると肺病などの病気に効くという伝承は、意外に近年まであったことがわかってきた。

六年前、私の母が亡くなった四十九日法要の日、老住職を迎え、身内や村のご詠歌講のばばさまたちが集まったことがあった。法要の後、笠モチという径四十センチほどの楕円形の大モチを、老住職が包丁で切り分けた。切り餅を頭、胴、二本ずつの手足に並べると、ヒトガタの餅ができあがった。ヒトガタは母の体になぞらえている。母のためにご詠歌をうたったばばさまはひとしきり餅を食べ始めた。「わしは頭が悪いから頭をもらう」「わしは足をもらう」とにぎやかに興じながら、むしゃむしゃ食べた。そのときばばさまたちが、山の神か日本の太古の神々に重なって見えた。

人間の脳味噌の黒焼き、食人伝承につながる笠モチの風習を、野蛮で前近代的と切り捨てることはたやすい。しかしこうも思った。「骨咬み」「耳ふたぎ」「魂呼ばい」など、長年の間に語り継がれ醸成された弔いの言葉は、なにはともあれ圧倒的に面白い。

二十数年間続けていた土葬の調査と並行して、数年前から、私は切り絵を描き始めていた。切り絵を使って昔の弔いの言葉を絵解きすれば、一見難解な弔いの用語を解きほぐせるのでないかと思いたった。

切り絵にする弔いの語句は、柳田國男の『葬送習俗語彙』から選んだ。一九三七年に刊行された同書は、日本の土葬・野辺送りの習俗を集成した昔のお葬式事典と言うべきもので、その後に続く葬送の民俗学者はみな同書を研究の典拠としている。

『葬送習俗語彙』は民間伝承の会から刊行され、現在は河出書房新社から『葬送習俗事典――葬儀の民俗学手帳』として復刊され、文庫本も出ている。同書はもともと旧漢字・歴史的仮名遣いだが、本書で引用するにあたっては常用漢字・新かな遣いとし、その他、現代の読者に読みやすいように配慮した。

それ以外では、仏教民俗学者、五來重《ごらいしげる》の大著『葬と供養』（東方出版、一九九二年）を重要な参考にした。同氏は葬送民俗に仏教的な視点を新しく加え、日本の葬送民俗を解きほぐしている。

さらに近畿を中心に聞き書き調査をした私自身の取材記録を書き加えた。土葬・野辺送り調査は三十年に及び、昔のお葬式を現代につなぐ役割を果たしたと思う。

弔いの切り絵が約百八十点、ようやくできあがったのがこの本である。

高橋繁行

目次

6　野帰り◎死者とかわす無言劇

7　日本人の弔いの源流

ブックデザイン‥上野かおる　大田高充
編集協力‥原　章（編集工房レイヴン）

1

喪のはじまり ◎ お葬式の奇妙な隠語

国替え

「国替え」はお葬式の隠語である。似た使い方に、「お国入り」がある。明治四十四年に死去した川上音二郎は絢爛豪華な奴列《やっこれつ》の葬列を組んだことで知られる。この絵のように、葬列の先頭には供奴と呼ばれる大名行列の奴が連なった。そのとき供奴は掛け声をかけた。まず第一段、先箱を持たない一番先頭の奴が「ひ——さ——い」と大音声を発する。第二段、手替わりの先箱の奴が「ひやたま——え」と発する。第三段、「ひゅ——と——」の掛け声を大鳥毛以下曲《きょく》長柄《ながえ》までの奴が発する。これを合図に歩調をそろえ、八歩

歩く。歩き終えると「や——！」と掛け声をあげるやいなや大鳥毛以下は一斉に空に向かって放り投げたのを、手替わりの奴が受けとめた。

この葬列を采配したのは、大阪の葬儀社「駕友《かごとも》」の鈴木勇太郎という。鈴木氏の『回顧録』によれば、「ひ——さ——い」以下の掛け声は、本来「ひさかたのお国入りめでたいな」と発して大名行列がお国入りしたのを言祝《ことほ》いだ。それが「後に何の意味かわからぬながら踏襲し、ことに葬式ではあからさまにいえない句だからこれをよいことにして、不明瞭な発音をしていた」とのことだ。つまり「お国入り」が葬儀に転用されたというわけである。

広島へタバコ買いに行った

　人が死んだことを意味するユニークな隠語。亡者が広島へタバコを買いに行くのでなく、裏の意味する本命は、世界遺産の厳島神社と背後にそびえる霊山、弥山《みせん》。中国・四国地方では厳島を他界とする観念があって、こう呼ぶようになった。弥山は、特に瀬戸内海対岸の四国の人々が、死んだら魂はこの山に還ると言われている。同様の言い方で、近畿圏では熊野に、東北地方の人は恐山に還るという。日本人は十万億土のかなたの阿弥陀浄土よりも、身近な山中他界にあの世を求めがちだ。

野送り

行列を組んで故人を歩いて送る弔いの風習のことで、「野辺送り」ともいう。または、単に「送り」ともいう。

昔の野辺送りは夜行われた（⇩「野辺送り」80～82頁）。時代が下るほど、野辺送りは夕刻に近い時間に出発するようになったが、それでも現代のように葬儀の開始が午前中という話はあまり聞かない。

高野山真言宗の老僧によると、約二十年前、金剛峯寺近くの宿坊住職が亡くなると、夕方、野辺送りの葬列は出発し、奥の院に埋葬されたという。葬列の先頭の松明《たいまつ》は文字通り闇を照らす明かり。宿坊を出発し、小田原通を通り、刈萱堂《かるかやどう》を横切り、約四キロの道のりを継いだ葬列だったという。

色《いろ》着《ぎ》

この絵の男性は、深編笠をかぶり、白ずくめの着物に位牌を持っている。男性は昔のお葬式、野辺送りで、喪主を務めている。女性は白い布をかぶり、やはり白ずくめの衣装で、お膳を持っている。喪主の奥さんの役割で、お膳は「昼飯」と呼ばれ、亡くなった人の食べる食事である。この弔い装束は白なのになぜか「色着」という（⇩「色」95頁）。柳田國男の編集した昔のお葬式事典『葬送習俗語彙』（以下『語彙』）によると、「喪主ないしは近親の喪服をイロと称する所は広い」という。また「注目すべきはイロの語が婚儀と葬儀の両方に用いられていることである」と書いている。日本版ロミオとジュリエットと言われる人形浄瑠璃「妹背山婦女庭訓《いもせやまおんなていきん》」で、恋仲の久我之助が切腹し、ヒロイン雛鳥は母に首を打ってもらう。母は、せめて死後添い遂げさせてやりたいと祝言をする。急展開する場面では、娘の雛鳥の葬儀用の白い被り物が、白無垢の花嫁の被り物に早変わりするという演出をしている。

ところで亡くなった人は、白い死装束を普通の着方と逆に、いわゆる「左前」に着る。血の濃い遺族が白衣装を着るのは、死者と同様あの世側の人間であることを装う意味がある。であるならば、近親者も左前に着たのだろうか。野辺送りの聞き書き調査をした先々でも尋ねたことがあるが、「確かに左前に着た」という証言者から「生きている人間はそこまで真似しない」という人までさまざまであった。滋賀県野洲市の野辺送りの写真に写っている男性の白衣装は、目を凝らしてよく見ると確かに左前に着ていた。やはり近親の遺族は、死者を装っていたのである。なぜ近親者は弔いのとき、死者になりすますのだろう。勝田至「中世民衆の葬制と死穢」は、死者と血のつながった家族を合わせて「死装集団」という概念を用い、死穢を伝染病のように恐れた中世社会において、血縁家族だけは死装束をまとい死の穢れを恐れずに死者を弔うという行動規範が生まれたことを説明している。このことは現代においても、なぜ血のつながった家族だけが死者を弔う葬儀を主宰するのかという疑問を解くカギになるだろう。もちろん新しい弔いの風潮として友人が弔う弔い方もあるにはあるが、それはいまでも稀である。

耳ふたぎ

村の人に死亡した知らせがあると、死者と同年齢の者がいる家では、当人の両耳に鍋蓋《なべぶた》を二つ当て、耳をふさいだ。これを「ミミフタギ」という。ミミフタギをした当人の家の者は「ええこと聞け、ええこと聞け」と唱えるという。耳ふたぎも全国に共通する風習のようで、『語彙』にも多く採録されている。両耳をふさぐものは鍋蓋だけでなく、ミミフタギ餅を作るところがあった。「白餅を買い

求めてこれを我が耳に当てて後、屋根の上に投げ上げる風があった」（『語彙』）という。地域によって「炊き立ての飯で握り飯をむすび、これを両耳に当て、後から箕で頭を被うてもらう」というものや、「二個の饅頭を携えて石橋の上に行き、これを両耳に当てて後、その橋の上に置いて後を見ずに帰ってくる」というバリエーションがある。同年衆また一人逝くミミフタギ。

ジャンポン

ジャンポンは昔のお葬式の別名。絵は滋賀県長浜市川道の天台僧に聞いた話を元にしている。妙鉢《みょうばち》と呼ばれるシンバルのような楽器、その次に銅鑼《どら》を携えている。銅鑼と妙鉢は、道の両脇に辻ろうそく（⇩「道灯籠」107頁）が並ぶ辻に差し掛かったとき、バーン、ジャラーンと鳴らした。禅宗の葬列では僧は鈴、太鼓、妙鉢を持っており、葬列の道中、チン、ポン、ジャランと鳴らした。『語彙』には、「ジャンポンとかジンカンとかまたガンモモとか言うのは、ことに印象の深い楽器の音であって、たぶんは小児の語を隠語のように採用したものと思う」とある。

都参り

お葬式の隠語。「仙台でも古く都参りというのが葬礼のことであった」と『語彙』にある。絵は弥次喜多道中の都参り。どこそこへお参りするという言い回しには、異界への探訪、死出の旅立ちを暗示するものがある。信州信濃の善光寺詣りや、西国三十三所観音霊場巡り、四国八十八箇所巡礼などは、死装束を身にまとい巡礼することがある。これなどは生きている間の死出の旅とも言える。

影隠し

お葬式の別名。「遠州（静岡県）の阿多古の山村では、密葬もしくは仮埋葬だけを影隠しと言っている」（『語彙』）。「爪とか頭髪とかを残し留めて置いて、本葬の折にはこれを棺に入れて送るそうである。伊勢飯南郡辺りでもやはり仮埋葬を影隠しと呼んでいる」とある。

　三省堂『大辞林』で、「影」を調べてみると、光を遮ると光源と反対にできる形、本体そのものでない、身代わり、存在を暗示するもの、不吉な兆候、魂などが並ぶ。仮埋葬で死という不吉なもの（影）を隠すということだろうか。この影絵のように蓑笠をつけた格好は、昔から一般に死者を象徴している。

声をかける

病人が危篤になると、阿弥陀来迎図の屏風絵を立てかけ、無事極楽浄土に旅立てるよう声掛けをした。沖縄本島に最も近い与論島の人は、誰かが亡くなる前に「ユビクイ」ということをする。ユビクイとは「呼び乞い」のことで、危篤の人を呼び戻そうとすることである。対馬（長崎県）のある地域では、「死に切ってしまってから近親が『あの世に行かにゃならんから、この世にうろつくな、あとあとが栄えるように祈っておれ』などと言う」と『語彙』にある。また「六十歳以上で死ぬことをオイヤミと称し、そんな場合は声をかけることなどはあまりしない」という。

笈《おい》巻く

人の死の別名。「紀州の東牟婁郡（和歌山県）では、人の死んだことを笈巻くといっている」（『語彙』）。笈は熊野の行者や高野聖の背負う用具。この中に仏像、仏具、経巻、衣類などを入れて背負った。笈を巻くとは出立を意味し、転じて死んだ人の出立を、こうした修験行者との縁の深い熊野の人は呼んだのだろう。

柳田は、続けて「熊野は早くから、山伏の死ぬことを、金になるなどという忌詞のあった土地である」と述べている。そのいわれはというと、女性参拝者の先達を務めた山伏が、彼女に言い寄った。いまでいえば権力を嵩に着たセクハラである。悩んだあげく一夜を共にすると、たちまち山伏は死んだ。それから山伏の死を、「金になった」と隠語で言われるようになったという。

ゴマ塩

群馬県多野郡では死者の近親者が頭にする三角の布切れを指す、と『語彙』で言っている。

歌舞伎の狂言作家、鶴屋南北は自分の葬式を狂言に仕立て、死後四十九日の法要時にみなに配った。この狂言、「棺砕けて内より南北、額にごましおを当て、経帷子《きょうかたびら》にて桶底をもってポンポンと打ち鳴らし」とト書きにある。額にごましおとは、祝いの赤飯につける胡麻塩の三角の袋を死者の額の三角巾に見立てたものである。死もまた茶番か。

神封じ

家に不幸があったとき、ただちに神棚を白い紙で封じること。『語彙』では、「紀州日高郡で不幸のあるとき、タカ神様の祠に他人の手で白紙の封をするのをいう。タカ神はたぶん霊ある神の意であろう」と言っている。

野辺送りの葬列は、神社を避けて歩く地域は多い。滋賀県甲賀市の村で聞いた話だが、埋葬後、飯持ちの女性、棺を担いだ二名、喪主は、近所の神社の鳥居の前で「当分ご遠慮させていただく」旨のあいさつをしたという。

無常講

京都市南区上鳥羽で、お葬式の始まりの合図の鉦を打つ講衆のこと。この絵のように、ひとりの男性が鉦を携えている。無常講の人は、土葬があった時代には穴掘り役だったと言われている。「尾張起町地方では（中略）檀那寺の僧が来て読経する。講中血縁なども集まって酒食あり、この集まりを無情講という」（『語彙』）。また骨上げの夜も無常講があったという。

　無常はこの世の生滅流転を表す。また人の死そのものも指す。釈迦牟尼仏が入滅に際し、沙羅双樹の木の下で説いた言葉と伝えられる「諸行無常」は、野辺送りの際に白い幡にも書かれ、お葬式で重要な仏教語である（⇩「取り拵え」38頁）。

叩き出し

お葬式の名称として「叩き出し」という地域があった。この絵では、念仏を唱えるときに使う金属製の皿状の楽器の一つ、鉦を、男性が打ち鳴らしている。このように荒々しく鳴らすことで、亡くなった人の荒《あら》魂《みたま》が悪さをしないように叩き出すことから、転じてお葬式をタタキダシと呼んだ。野辺送り道中に参列したお坊さんも楽器を鳴らした。妙鉢《みょうばち》というシンバルのような楽器や、宗派によってほかに、銅鑼《どら》や太鼓が加わった。にぎやかな音楽で故人を送り出したのだから、タタキダシは音楽葬の始まりと言える。

桝《ます》打ち

「会津地方では人が死にかかったとき、その家の屋根棟に登って一斗桝を伏せ、棒切れなどをもって敲く。これを桝打ちと名づけて魂の抜け去るのを抑え、元へ戻す意味」（『語彙』）という。さらに「桝の底を叩く呪《まじな》いは子どもなどが神隠しに遭った場合、これを探しまわる者が行う地方もある。これにもやはり近親の者が叩くを例とする。（中略）桝もやはり人間の魂をこの世につなぐ食物の力から導かれているらしい」という。このように危篤時に魂を呼び戻す行いを、一般に「魂《たま》呼ばい」という。

魂《たま》呼ばい

万寿二年（一〇二五）、藤原道長の娘、尚侍《しょうじ》嬉《き》子《し》の死後、陰陽師が屋根の上に登って魂呼ばいをしたという記録が残っている。その後も、死者が生存中に着ていた着物を振りながら死者の名前を呼ぶ魂呼ばいの例は、日本の弔いの風習の代表的な一つとして、数多く見つかっている。

土葬・野辺送りをしなくなり、この風習も少なくなっていったが、三十年前までの大阪市生野区猪飼野のコリアタウンに、魂呼ばいの習慣が残っていた。「在日コリアンの誰かが亡くなると、身内は屋根の上のできるだけ高いところに登り、そこで故人の名前を三回連呼した」と、大阪の葬儀社社長は証言している。

弔い飛脚

人が亡くなったとき、寺や縁故者に死の知らせをする役。『語彙』には、「死に使い」「告げ人」「二人使い」「せっかく使い」など、さまざまな呼称を収録している。共通するのは常に二人であること、昼間でも提灯を持って行ったこと、ぞうり履きであることなどである。必ず二人で行くのは、死者の霊がいっしょについて行くことを恐れたと言い伝えられている。夜などに死の知らせに一人で行くのは不気味でもあり、二人使いになったのだろう。柳田國男は、「喪に入っての最初の事務の一つは、一定の親戚へ知らせの飛脚を立てることで、多く組合近隣の者がこれに任ずる。この訃報に赴く者が二人であることは、不思議と全国に共通している」と述べている。

◇2◇ 枕返し ◎ 死亡直後の作法

枕返し

自宅で人が亡くなると、身内が真っ先にしなければならないことは、死者の両ひざを折ることだった。滋賀県東近江市石堂町では「亡くなった人の膝を折るのは最後の親孝行」と言われた。死後硬直の前にこうしておかないと、遺体を座棺に納めることができなくなるからである。ひざを折った後、寝床に刃物を置き、逆さ屏風を立てまわし、僧の来るのを待つ。このような死の床の整えを、「枕返し」という。

また、棺を安置する部屋の畳を全部縦に並べかえることを「シキナガシ」という地域もある。畳は一律に縦にするほうが並べやすい。にもかかわらず普段の畳の間は、なぜあのように複雑巧妙な並べ方をするようになったのか。シキナガシを見れば腑に落ちる。

火をかぶる

死穢をかぶることを、「火をかぶる」という。死の穢れを最もかぶりやすいのは、死者の血縁家族であるとされた。と同時に血縁家族だけが死の穢れをかぶっても死者を弔ってよいとする規範が生まれた。そのぶん昔は、人が死んだ喪家の火は悪くなると信じられた。煮炊きをしたものを食べるのも、死者の出た家の火は悪い影響が出ると信じられた。火をかぶるとは、忌をかぶる、つまり穢れをかぶることと同義と考えられたなどなど、死穢をかぶる火のタブーは『語彙』に多くが採録されている。

火負け

喪のある家に出入りし病気になったりすると、火負けしたという。『語彙』は、「火負けは最も注意すべき俗信である」と述べ、「喪の家に出入りした者が病を獲れば火負けといい、これを治するための色々の呪法がある」という。

たとえば火負けせずに病気を治す呪法として、埋葬時棺を縛ってあるしめ縄の一部を黒焼きにしておく。何のためにそのようなことをするのか。万一、埋葬墓地から死んだはずの人が生き返ってしまった場合、墓地から死者を掘り出さねばならない。掘りだす人が火負けして病にかからないように、黒焼きしたしめ縄を服するのである。

別火家

昔の人は死のケガレを避ける方法として、喪のあった家と、煮炊きの火を別火にした。そのために葬式の手伝いをするにしても、喪家のかまどを使わないで、火をかぶらない別の家のかまどで、葬式の料理を作った。

『語彙』には「喪家の食物を食うということは、必ずしもその忌の火にまじることを意味しない。これには隔絶の方法がちゃんと設けられてあったのである。たとえば土佐長岡郡では、死の報伝わるや隣（家）はまず来たり弔いし、即ち別火家というものを定める」と述べている。

精進宿

別火家と同じく、手伝いの主婦が集まり煮炊きをする家。

「紀州有田郡（和歌山県）では、普通一般の葬式でも、当日会葬者に出す食物を調理する家を喪家とは別にし、精進宿と言っている。その料理は精進であろうが、言葉の意味は穢れた火を避ける方法にあったと思う」（『語彙』）。

死者の出た家で煮炊きをしないのはそんなに昔のことではなく、昭和六十三年に、私の祖父が亡くなり、隣の家のおばちゃんが作った葬儀用の料理を、喪家の窓越しに運んでいたのを記憶している。

死に火

死者の出た家の火を「死に火」と言い、恐れた。「陸中九戸郡山形村（岩手県）などでは、（中略）これを恐れる気持ちは今でもかなり濃厚であって、葬家で茶を飲まず、煙草の火も自分の燐寸《マッチ》を用いるような人がある。それを犯すと火がまじるという」（『語彙』）。

また「死に火を食った人が、蚕室へ入ると蚕が死に、青畑へ入ると作物が枯れ、山に行くと思わぬ怪我をしたりする。それを忌負けのためだと言っている」という。

京都府南山城村の『南山城村史』には、カンオケ山、ヨメトリ山、カカトリ山などと通称されるタタリの山が採録され、「入山すると所有者が死ぬとか嫁や妻が死ぬともいう」とある。

さては誰かが死に火に忌負けしたからだろうか。

外座

壱岐では、悔み客を「ハレエシ」といって酒食を供する。その座は「外座」といって外庭に藁を敷いた上に畳を延べ、周囲に菰を立ててそこで食事をさせた。「調理もたぶん別の竈でするのであろう」と『語彙』は言う。火のケガレを時代錯誤と笑うなかれ。感染症への恐れの感情とどこか似ている。仏教民俗学者・五來重《ごらいしげる》の『葬と供養』は、「ハレエシは精進の忌籠《いみごも》りに加わる人々であるから、屋外に仮屋を建てて籠ったのである」としている。

無常小屋

野辺送りで使う葬具を普段しまっておく小屋のことを、こう呼ぶ地域があった。「村に共同の葬具が備えてあって、それを野原の石垣の上に造った藁小屋に平素しまってある。この小屋を無常小屋と称し、子どもらは側を通る際に、息をつめて走るという」と『語彙』にある。上の絵は奈良市大柳生で見かけた無常小屋。埋葬墓地の入口にあった。野辺送りに使う葬具は、普段はたいていい墓の入口の倉庫か寺の倉庫に保管されている。

下の絵は、葬具をしまっておく寺の倉庫。棺を納める輿（ヒヤとも呼ばれた）を出し入れしている。

取り拵《こしら》え

村人が野辺送りの飾りものを作ることをいう。野辺送りの道中に持つ葬具は、村人が手作りでこしらえた。絵のように村の共同の小屋や喪家の庭を使って、野辺送り当日までに一日か二日がかりで作った。野辺送り道中で履く藁草履は、縄をなって作った。絵の右は、野辺送り道中の辻々で道を照らす辻ろうそく。絵の左はお葬式の飾り用の野道具。四方台の上の直方体の四面に蓮の花をかたどったお菓子などを貼っている。『語彙』は、「葬式準備の講中の手伝いは二組に分かれる。一は穴掘りであり、他はトリコシラエと称して提灯その他の諸道具を作るものであった」と述べる。

取り拵えで作る野道具で野辺送り道中の代表的な葬具に、左の絵のような「幡《はた》」という白いのぼりがある。「諸行無常」「是生滅法」「生滅滅已」「寂滅為楽」と書かれ、四本幡《しほんばた》という。浄土真宗を除いて、野辺送りにつきものの葬具である。野辺送りの葬列中、四本の幡が行列の前後ろに配置され、無常の風にひれなびいた。

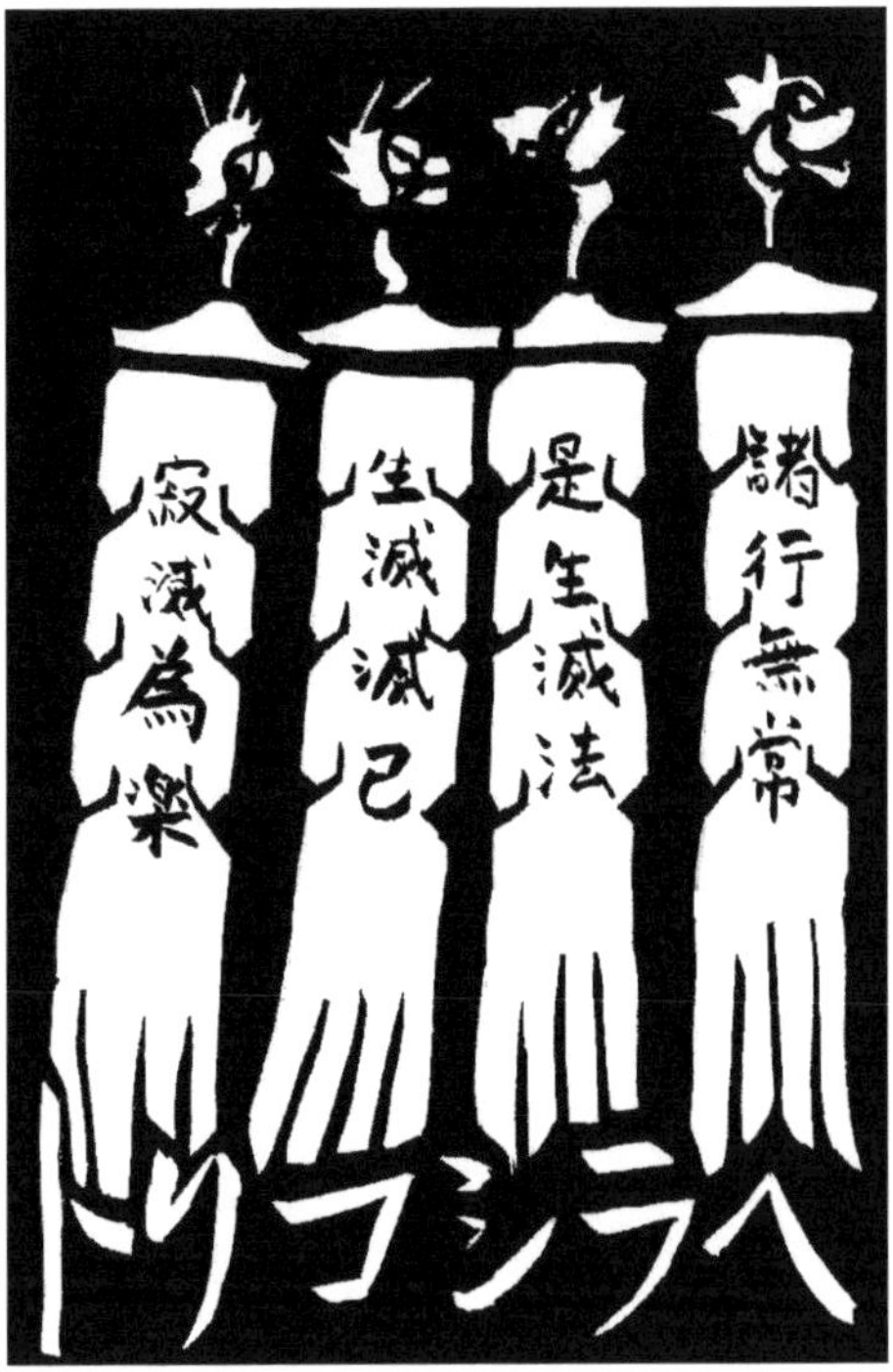

四花

白い紙をちぎり花のように細工した代表的な弔いの花。絵の男性の持つ板の上、左端が四花。今でもお葬式の祭壇に必ずといっていいほど飾られている。『語彙』には「紙花、四花、死花、四華の字が宛てられた一種の葬具は、広く全国に見られる」とある。五來重の『葬と供養』には「葬列の血縁者が持つ四花という不思議な葬具は、かならず元四本の幣で、墓の四隅に立てるものであった。(中略)大陸風水思想の影響で、墓所の地神より墓地を貰うとか買うという解釈になった」というのが興味深い。

コシオレ・ヤボタ・婿天蓋

野辺送りで担ぐ輿（棺台）の上にかざすようにして持つ天蓋のこと。弔い用の天蓋とは、寺院のお堂に天井から吊るし、本堂の荘厳化をするあの天蓋に由来する。備前ではコシオレ、薩摩の宮之城町ではヤボタと呼んだ（『語彙』）。筆者の調査では、天蓋は使用後、寺などで保管され、葬儀のたびに色紙などを貼って装飾され使われる例が多かった。天蓋持ちは重要な役目の一つとされた。地域によって喪主が天蓋をかざした。また「讃岐三豊郡五郷村（香川県）では葬列の天蓋持ちは、普通死者の女婿であり、婿天蓋という」（『語彙』）。

魂袋

野辺送りの道中で持つ代表的な葬具の一つに、龍頭《たつがしら》がある。この絵のように龍頭の下に棒をつなぎ、白い障子紙を丸めて筒状の袋を作り、ウロコを描き、龍の胴体とした。これを「タマシイブクロ」と呼ぶ地域があった。魂袋は、死んでまもない荒魂が暴れないように収納する袋と考えられた。五來重は大著『葬と供養』の中で、この魂袋もタツガシラの胴の部分も「死者の霊が浮遊しないように、この中におさめておく容器であったとおもわれる」とうまいことを言っている。

盛物

蓮の造花の下のほうに、菓子類や団子などをかざりつけたものを「盛物」と呼んだ。盛り方は地域によってさまざまである。人の死の直後、村の誰かが飾り付けを手作りし、野辺送りの道中これを携え、墓場で行われた葬送儀礼の際に飾られた。

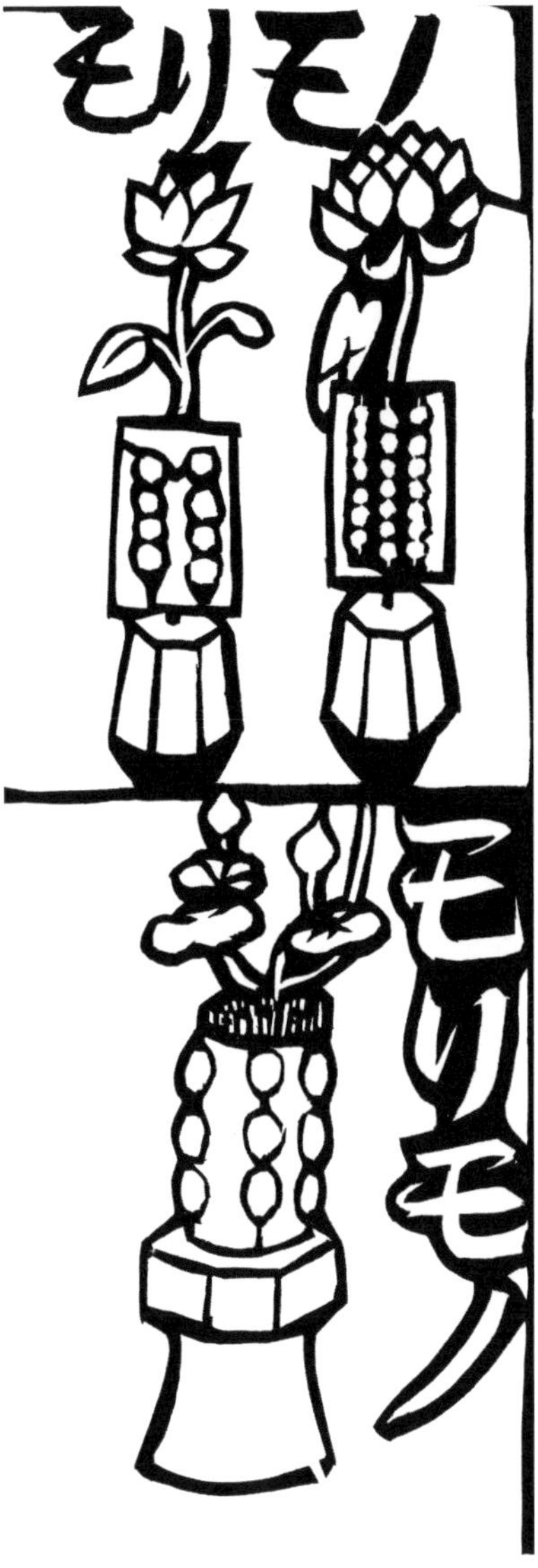

魔払い

「死床に置く刀もしくは鎌を、伊予(愛媛県)の北宇和郡では魔払いと呼んでいる。我々はむしろ死床に刃物を置かぬ例に注意を向けたいほどに、これは全国広く行われている習慣である」と『語彙』はいう。今日のお葬式でも死者の胸元にこれを置かない例はあまり見られず、いまでも死者の胸元に刀を置く風習は根強く残っている。

野辺送りの葬列の際にも、棺桶の上に刃物を置く地域がある。墓場においても、刃物を吊り下げて置く地域は数多くみられる。

棺掛け

棺をおおう掛物。もとは死者の生前の衣装を棺にかけたと思われる。「讃岐三豊郡五郷村（香川県）にはサカシギモノという名称がある。（中略）もちろん死者生前の衣類である。それを棺にかけ、七日まで仏前に供えて後に寺にあげるという。これをカンカケというのは棺かけであろう」（『語彙』）。

大阪の老舗葬儀社会長の証言では、坊さんに借りた七條袈裟を棺に掛けたのが、ことの始まりという。

一本花

一本花を立てるのは「亡霊を依らしめる」ためである。「常の日に一本花を立てるのを忌むのは、やはり新亡者の枕もとに立てるからであろう」（『語彙』）という。

歌舞伎の「三人吉三」でお坊吉三がお嬢吉三に「今日を立日に七七日、一本花に線香は、殺した俺が手向けてやるから、その俗名を名乗っておけ」というセリフの「一本花」である。

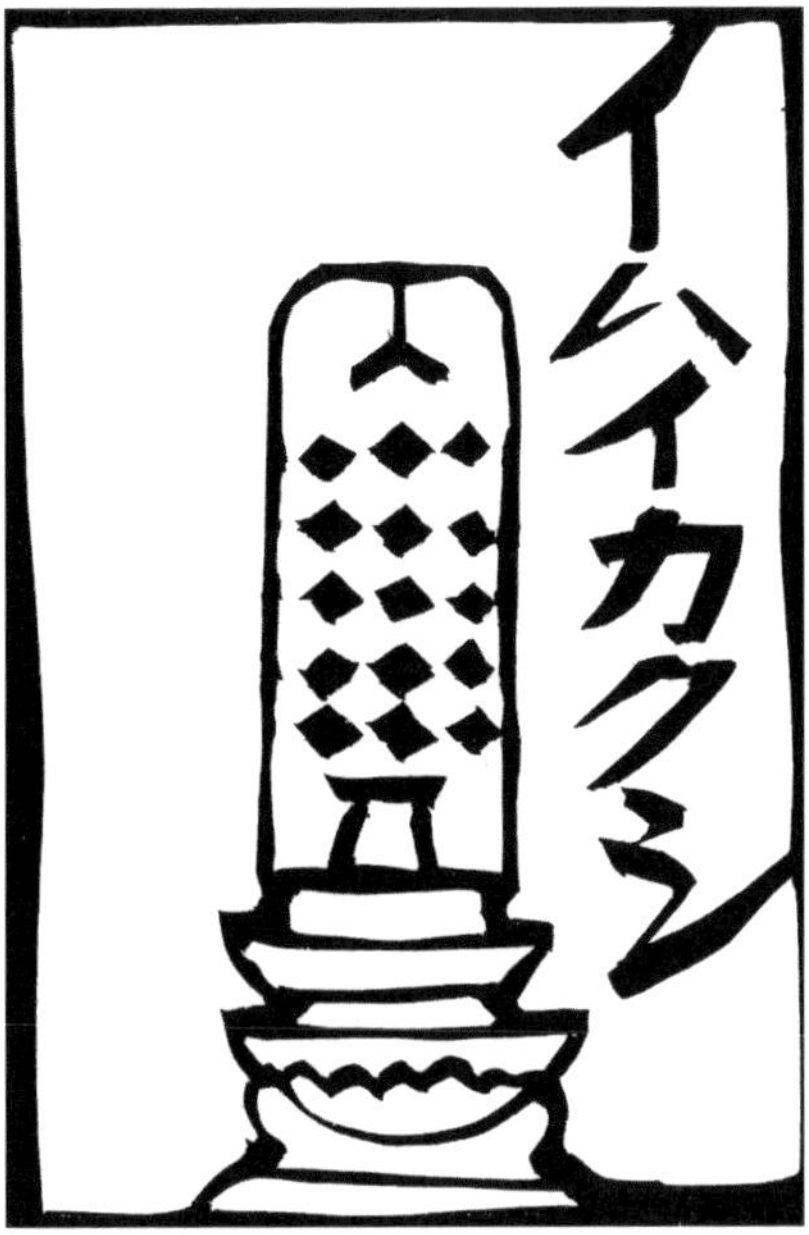

位牌隠し

佐渡では一本花を「位牌隠しの花」と呼んだ（『語彙』）。

滋賀県大津市真野で聞いた話によると、白木位牌を覆う筒状の白い紙をかぶせた。ひし形の穴がいくつも空いていて、位牌の戒名がチラチラと覗いて見える。草葉の陰から亡者が覗いているかのようだ。位牌隠しは四十九日までかぶせられ、忌明けに住職が取り外したという。位牌筒とも言った。

枕飯

病人が息を引き取ると、白飯を炊いて枕もとに供えた。『語彙』によると、長門（山口県）の相島ではホトケは死ぬとすぐに信濃の善光寺に行くので、行って戻ってくるまでの間に枕飯を作っておかねばならないという。

「阿蘇の宮地ではこれをオテツキノオボクサマというが、やはり少量の米を飯に炊き、少しでも残らぬように盛りつけて供える」（『語彙』）。亡者の善光寺詣りの伝承は、熊野では「那智の妙法山に参る」という言い方に変わる。「亡霊はしばらく故の家の付近に留まると言いつつも、どこかへ一度は行って来るような信仰があったらしい」という。

枕団子

枕団子は、枕飯と重複した意味で使われる。または飯も団子もともに作る土地も多い。「相州津久井（神奈川県）辺りでは、死者の枕もとに六つの団子を置き供える。（中略）臼を左回りにまわして白米の粉を挽いてこしらえたものだが、近頃はたいてい米の飯を丸めたものをもって代用する」。「青森県の野辺地あたりは、枕飯の代わりに団子をこしらえる。（中略）粳米をさっと洗いさっと搗いて丸めた団子で、すぐにこれをうでて供える。だから常の団子は搗いた日にうでることを嫌い、必ず二日に跨がらしめる」（『語彙』）という。

簾《みす》

「簾を入口に垂れ、忌中と書いた紙を斜めに貼る例は、東京の町家でもなお常に見かけるが、たぶんは人の出入の多い商業地区だけの風習であろう」(『語彙』)という。実際、江戸落語の町場の葬式の場面でよく出てくる。「青森県の野辺地などでは親戚に喪を発表すると同時に、この簾をかけて忌中の札を貼るのみならず、なお近い親戚でも同様に簾をかけるそうである」ともいう。

三《み》隅《すみ》蚊《が》帳《や》

対馬（長崎県）では、「死者は直ちに西向きまたは北向きにねかし、四季いずれを問わず死人の上に蚊帳を吊る。必ず死体の足の方一隅だけははずしておく。（中略）猫などが近づかぬためと言っているが、もっと深い意味のあったことであろう」と『語彙』は推測している。悔みの客は、縁の近い人でなければ死体を直接見ることができなかったという。

一俵香典

葬式の悔みに米一俵を香典として贈る風習が九州各地にあったという。九州以外でも鳥取県の伯耆地方の村では「普通は白米の一升香典であるが、親族間は玄米の一俵香典である。『玄米一俵、何某』と貼札して玄関に積んでおく風である」（『語彙』）という。枕飯といい、一俵香典といい、稲作文化を支えたコメ、モチは、土葬の村の古い習俗の中心をなしている。

3 湯かん・入棺、通夜、出立ちの盃

湯かん

亡くなった人を棺に納める前に、洗い清めることを「湯かん」という。滋賀県の伊吹山のふもとの村では、家の一室にござを敷き、湯かん盥《たらい》を置き、十文字に縄掛けし、裸の亡骸を座らせ、水に湯を注いだ「逆さ水」（⇩58頁）を使って、遺体をぬぐっていく。縄かけは伊吹修験道の影響と言われる。部屋の後ろに「逆さ屏風」を立てまわし、周囲に四灯を灯す。湯かんに先立ち、村の女性によって湯かん勤行が行われる。湯かんが終われば、白い経帷子、ないし生前に巡礼をしたときのおいづるを着せ、座棺に納められた。五來重『葬と供養』によれば、湯灌の

「ユ」は精進潔斎の「斎《ユ》」、「カン」は仏教用語の灌頂の「灌《カン》」と考えられる。まず死者の肉体を湯・水で浄化し、死者の霊魂を灌頂によって浄化する。そうしなければ、「永遠の暗黒世界に沈淪し光明世界に出ることができない」という。湯かんはこうした庶民信仰を宗教儀礼化したものであった。いまは葬儀社の葬祭サービスとして、ユニットバスで死者を洗うだけだが。

滋賀県高島郡のある村人は、昭和の初めの湯かんの様子をつぶさに証言している。「湯かんをするのは夜です。親族や喪主の家から夜食を出します。たいていの仕事は日中に片づけていますから、座敷や囲炉裏傍で雑談をしています。十二時過ぎると風呂を沸かしかけます。湯かんをする人が清めに入るためです。一時頃に夜食と酒を出して湯かんを始めます」という。

湯かんをする人の服装は、汚れた単物に縄の帯、縄たすきをかけた。証言者は「湯かんがすむと（故人が）男なら褌と言って小さな切れに紐のついたのを前に当てます。女なれば、おこしと言って一巾の切れに紐のついたのを腰に巻きます。褌もおこしも白です」という。

岐阜県大野郡白川村では「ぬるめの湯を大きな盥に入れ、死者をそのなかに入れて肉親の者の手で丁重に洗った」、「湯かんは馬小屋で年取った男女が縄褌、縄たすき姿で行った」と『白川村史』にある。

香剃り受け

「剃り受け」とは、亡者の髪の毛を剃り、出家の証とする弔いの成仏儀礼のことをいう。「香剃り受け」ともいう。湯かんを終わって白衣装を着せてから頭髪を剃るのだが、肥後の阿蘇（熊本県）では「剃刀の刃を必ず向こうむけ、髪は一剃刀ごとに、そばについている剃り受けという近親の者が白紙に受け、最後に棺の中へ入れる」（『語彙』）という。頭を剃るのは、女性でも容赦なかった。落語の「三年目」では夫婦仲のよかった妻が、死ぬ間際、夫に幽霊になって出る約束をした。しかしなかなか出てこない。やっと出てきたのは死後三年目。湯かんのとき丸坊主にされたので、髪の毛が伸びるまで出るに出られなかったのだ。

入《に》棺《かん》

湯かんを終えた亡骸を二、三人がかりで抱きかかえ、棺に納めること。納棺ともいう。死人を横たえさせるだけの寝棺は比較的たやすいが、座棺は上半身で膝を抱えるように座らせる必要がある。入棺作業は大変だった。私が聞き書き調査をした富山県氷見市仏生寺では、普通、甥っ子とその家族の役目だったという。まずホトケを腰から前屈させ、上体が太ももにくっつくほどに折り曲げる。次に縄を首から膝へまわし、幾重にもがんじがらめに縛り上げたという。「酒を飲まずにとても入棺作業はできなかった」と証言している。『語彙』には、「浄め酒」という項に、湯かんと入棺は子弟近親者が縄帯、縄たすきをかけて行い、終わると一杯の冷酒を飲んだと書かれている。

逆さ水

湯かんに使う湯は、水を入れてから湯を注ぐ。弔い時は、日常では不吉とされる普段とは逆の手順で行うことから、これを「サカサゴト」という。死者を洗い清める湯の場合は、「サカサミズ」という。湯が入ったひしゃくを、手首を手前の方に返して注ぐ普段のやり方とは逆に、手首を向こうに返すようにして湯を注ぐ。サカサミズは全国に共通する弔いの風習だが、沖縄の八重山列島石垣島では、「念仏という鉦を叩く者が七サイヌ花を汲んで来て死人の顔を拭く」(『語彙』)。七サイヌ花とは、七度打ち寄せてくるサイ(浪)の花、つまり潮水のことで、不浄を清める唯一の神水だと言われた。これで身体、家屋、屋敷等を清めたら、どんな悪霊も払い除けられると信じられていたという。

めでたい木綿

死装束のことを「メデタイモメン」という。落語の「猫怪談」の冒頭のくだりは、大家と与太郎の会話で始まる。

「おめえの親父がおめでたくなったそうだな」

「なんだか知らねえがね、けさっからものも言わねえでいなさる。そばへいったら息もしねえでいなさる。触ってみたらつめたくなって、えへ、しゃっちょこばっていなさる」

「ばか野郎、それじゃやっぱり、おめでたくなっていなさるんだ」

「おめでたくなる」は、人が死ぬことを言い換えた、弔いの隠語である。高齢で寿命を全うすることを、昔の人はおめでたいと慶び、弔いを祝い事とした。落語の与太郎の時代は六十歳を過ぎれば人の死を慶事と考えた。真宗のある村では、赤飯を炊いて極楽往生を遂げたことを祝う風習もあったようだ。

頭陀袋

頭陀袋の用語は全国的に共通している。「三河（愛知県）の設楽《したら》地方では、弁当だといって握り飯に山椒の葉、赤みそ、粉糠等を入れる。あるいは山椒の実と灰糠とを入れ、死人の持ち物、煙草を入れ、煙管、茶、小遣い銭としての六文銭を添える。日向真幸村では茶三袋、念珠、扇子、髪道具、それに三途の川の舟渡し賃ともこの世に出てきて飴を買って食べる代金とも言って一厘銭七枚、および近親者の爪を切って入れる」（『語彙』）。一人の死者を送るのも念入りなことだ。六文銭は、大阪府豊能郡能勢町で、紙に印刷された六文銭を見たことがある。

極楽縄

「青森県野辺地では、棺の内で骸が動かぬように、首枕と称して藁の袋をつめることもあるが、また極楽縄といって白布でよった縄を首から膝へかけることもある。能登鹿島郡でも極楽縄と称し、納棺には三尺（約一メートル）木綿を膝から首へかけて棺に入れ、それからぐっと締めつけるので、頸骨が音を立てて砕けることがあるという。（中略）真言宗の家では加持の土砂をふりかけ、その功徳で屍体が自由になるといって縄を用いない」（『語彙』）。昔の納棺の作法は残酷にさえ見える。座棺は狭いのでなるべくコンパクトに納めたいということもあるだろう。けれど、これほど死者をがんじがらめに縛るのは、まだ荒々しい死霊を閉じ込めるためという。

すまぼし

「伊予北宇和郡（愛媛県）の山間で、入棺の際に死者にかぶせる白紙の冠りのこと。額の部分が三角形をなし、他は細く頭の鉢を巻くようにしたもので、これは一枚紙で作る」（『語彙』）。スマ帽子と書く。額にする白い三角巾のことで「ゴマ塩」（⇩22頁）と同じ意味である。位牌持ち、お膳持ち、天蓋持ち、棺を担ぐものなど葬列の参加者が、この白三角巾をつけるのは、死者を装うためである。また白三角巾は山伏修験者が頭にする頭襟《ときん》をかたどったものとも言われる。山伏の頭襟はそもそも大日如来が頭にいだく宝冠をかたどったものと言われる。死者と死者を装った近親者が三角巾をつけるのは、大日如来となるべき修行者を表していると言える。

孫杖

「土佐（高知県）の長岡郡では、死者に持たせる杖は孫のおくるものであるから孫杖と呼んでいる。しかし孫のない人にも持たせるから魔護杖だろうともいう」（『語彙』）。魔から守る杖というわけだ。また、「念仏紙とて淡紅紙に南無阿弥陀仏と印刷した紙と白紙とで、巻いてある」とある。いずれにしても孫杖は、野辺送りの葬送儀礼に欠かせない葬具として全国的に普及している。

孫を抱かせる

「伯耆（鳥取県）の西伯郡大高村では、入棺にはあるいは蓑を衣せ笠を入れるほかに、人形をも入れる。これを孫を抱かせるという」（『語彙』）。ワラ製で顔に紙を貼り、目と鼻を書き、紙の衣を着せたものである。

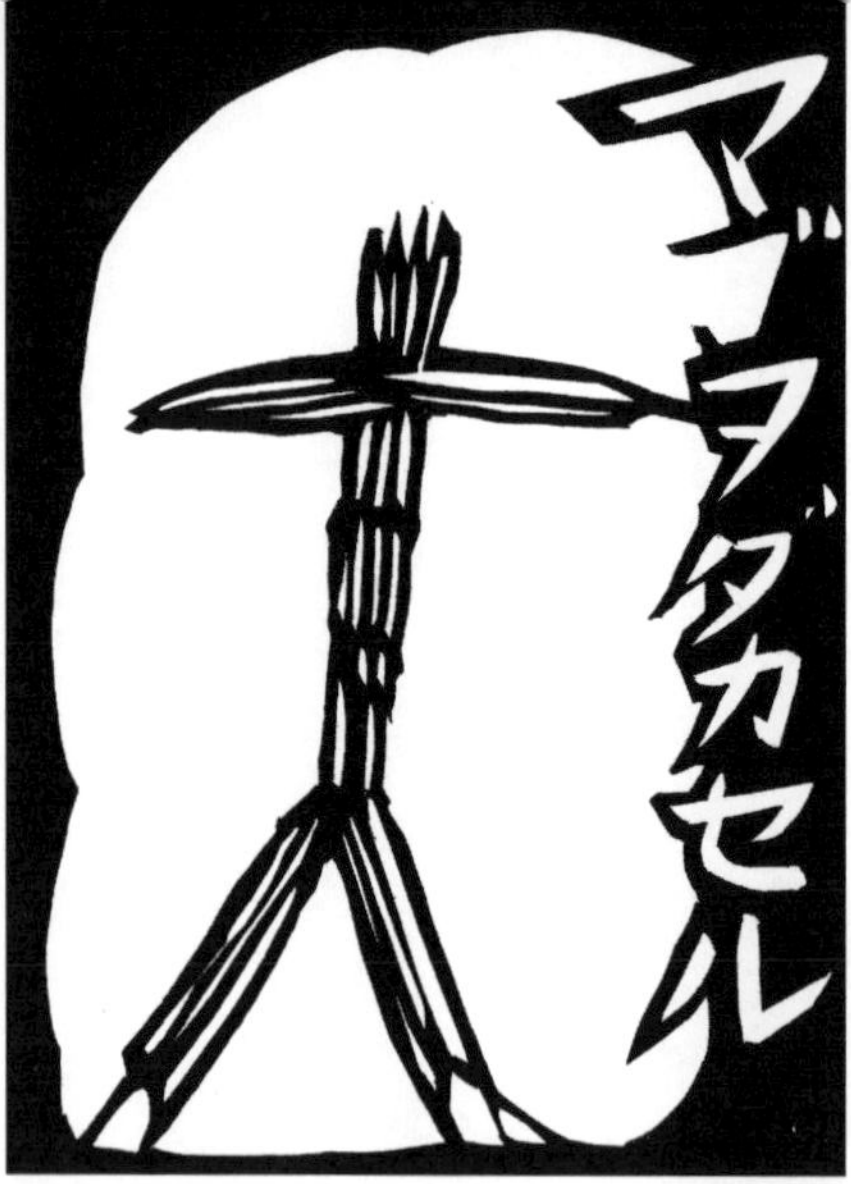

夜《よ》伽《とぎ》

通夜のこと。この絵は、奈良、大阪、京都から北陸地方まで行われた六斎念仏。通夜の晩、鉦・太鼓を用い、男性グループが荒ぶる死霊を叩きのめさんばかりに念仏を大合唱した。

与論島（鹿児島県）では通夜の晩、魂を魔物にとられないように明かりをつけ膝を抱いて夜通し寝ずの番をするという。奈良県大柳生の老人たちは「いまの葬儀のように夕方定刻に集まって行う通夜の法要ではなく、夜伽は近親者が集まって夜じゅう亡くなった人の霊を慰めるものでした」と証言している。いまのお葬式では棺を置きっぱなしで身内は一人もいないということも多いが、昔の夜伽は線香を絶やすことなく、誰かが必ず寝ずの番をしたものだ。

三人搗き

「枕飯に用いられる米を、筑前大島（福岡県宗像市）では三人搗き米という。必ず玄米を三人して搗く」（『語彙』）という。コメを磨ぐために、空釜のなかへ米から先に入れ、後から水を入れるのは他の地方でも同じだが、この米を入れるのに枡を使用せず、手をもってつかんで入れた。また「肥前の川上郷（佐賀県）でも死人あれば四斗臼に玄米を入れ、杵をもって必ず三人で搗く習わしがあった」という。

添い寝

「長門の大島などでは、死者のかたわらで夜《よ》伽《とぎ》することを添い寝と言っている。事実、女房や娘は死者のかたわらに寝たのであろう。そういう実際の例が日本でもまれにはあったように記憶するが、今はたしかな出所を挙げられない」と柳田國男は言う。近親者が喪屋（喪家）に籠り死者と一夜を共にするというのは、死者とともに幾晩も喪屋に籠ったといわれる古代モガリ葬（⇩「モガリ」148頁）の名残だろうか。

大病通夜

「飛騨（岐阜県）の高山で、病死した最初一日の通夜は大病通夜と称し、主として血縁の者がつとめる。死者の周囲は女だけが取り囲んでいる。次の晩、死者を棺に納めてからは本通夜と称し、やはりまず女たちだけで棺を守っている。喪服でないのを例とする。ちなみに葬式当日盛装して棺のそばに座っている人たちを女中ミタテという。喪服ではなく、裾模様などの晴れ着で盛装している。大体に血縁の婦人たちであって、棺側は女のみで、男たちは次の間に座っているという」と『語彙』にある。あまり聞いたことのない面白い弔いの描写だが、何度読み返しても謎めいた風習である。

空臼伏せ

写真家、須藤功氏の写真集『葬式――あの世への民俗』（青弓社）には、野辺送りから帰ってきたとき、臼の上に塩と水を置くことが取り上げられている。臼にはその中に死霊を閉じ込めるような秘められた呪力があるのではないかと言っている。臼の空洞が魂の収納庫になるのは、「魂袋」（⇩42頁）にも似ている。さらに臼の空洞と同様の効果があると思われるものとして、「桶転がし・ザル転がし」（⇩74頁）の桶、ザルも注目される。

出立ちの盃

出棺前に杯を交わすことをいう。この絵は滋賀県長浜の真宗門徒の出立ちの盃の風習である。お葬式出立の朝、喪主と僧が水杯をかわすことを「別れの水杯」と呼んでいる。導師は玄関ではなく縁先から入り、そこから葬儀の祭壇のある間に案内される。右に三《さん》番《ば》叟《そう》と呼ばれる白いだぼだぼの忌中着を着た喪主が、左に導師が座る。どっちが上座という感覚はないという。中央には、両者の仲立ちとして葬儀委員長を務める翁が着座する。喪主、導師の真ん中に三方が据えられる。三方には徳利、杯、豆とか、さいの目に切った豆腐などささやかな肴が盛ってある。この席で、喪主と導師は水杯を交わすというもので、「死びとに代わって喪主が僧にお願いする意味がある」と地元の人は説明をする。しかし、それにしても不思議な風習である。あまりに不思議なので、長浜に一カ月ほど滞在した折に、この絵を何人かの在郷の住人に見せてみたら、みな一様にこの習俗を懐かしがり、三方に盛る肴も家によって様々で、各家の流儀があることもわかった。

ただこの弔いの作法は、一期一会の匂いが濃厚に漂っている。蓮如の時代の昔、いまのように寺を持たず諸国を遊行行脚していた聖が、たまたま立ち寄った湖北の村の弔いで導師をつとめ、死者を介して一期一会の水杯をかわした、そんな感じがする。出立ちのサカズキ、サヨナラだけが人生だ。

暇乞い酒

筑前大島（福岡県）では葬儀の会葬者に対して「葬家では門戸口に酒桶に柄杓をつけ、茶碗と塩とを添えて会葬者に出すという」（『語彙』）。これを「暇乞い酒」と呼んでいる。「肥前五島（長崎県）では出棺直前に、会葬者に椀のふたなどで酒を飲ますのを出立ちの酒を称す。飲めぬ人は指をしめして頭に塗る」、「五島小値賀などでは、出棺の前に木盃を一同に一度きり廻すことを、出立ちの盃という」など、出棺時にかわす盃にまつわる習俗例は数多い。ほかにも「出立ちの酒」、「別れのお神酒」、岩代耶麻郡（福島県）で、親族が冷酒を黒椀で飲む「力酒」などがある。

泣き女・泣き婆さん

岡山県の美作久米郡のある村では、泣き女の役は産婆が副業でこれをつとめた。「死人の世話をし、また出棺時に、戸口で手拭を頭から被って泣いた」（『語彙』）という。越前丹生郡（福井県）のある村では、「葬列に泣き女をつける。与える米の量によって一升泣、二升泣の別がある」（『語彙』）。江戸末期の歌舞伎の狂言作家、鶴屋南北は戯曲の中で泣き女を登場させ、「一升泣、二升泣でもお望み次第、アアア〜」と泣くシーンがある。南北は棺桶作家と異名をとった。泣き女は泣きばあさんともいう。

桶転がし・ザル転がし

奈良市大保町や大柳生では、出棺の後、家に残った者が養蚕に使った桶を縁先まで転がした。村の老人は「亡くなった人が戻ってこないように」と言っている。似た言葉として『語彙』に「ザル転がし」がある。「出棺直後、棺を置いてあったところから土間まで笊を転がし、そのあとを箒で掃く」。それをザルコロガシという。「ホトケが帰らぬようにするためだ」という。養蚕の桶、ザル、昔の暮らしの身近な用具の空洞やすき間を死霊の収納器に見立てた、弔い遊びに見える。

仮門

古代天皇のお葬式の仮の門に由来する、墓場入口の門。地域によって、家から出棺する縁先にかざす仮門の場合もある。『葬と供養』には仮門の最も多い例として「葬列が庭を三度めぐって庭を出てゆくとき、二人のカリモン役が竹をコの字形に折り曲げたのを捧げて葬列をくぐらせる」と書かれている。カリモンはシャバに据えたる極楽門。

一束わら

兵庫県の「播磨では、出棺の時に一束藁を焚かぬと死人が帰ってくるという」（『語彙』）。同様の風習に、出棺時、亡き人の生前使った茶碗を割る風習がある。五來重の『葬と供養』には、「普通庭葬礼がすんで、葬列が庭を出て行った後で一束わらを焚く。後火である」と述べる。五來は秋田県男鹿半島で、埋葬墓地の盛り土の上で一束わらを焚いているのも見ており、一束わらも「荒魂の遊離荒暴を防あつするための内部結界の火であろう」と言っている。

槌《つち》引き

同じ年に二人死人が出たり、また友引の日の葬儀には、木槌を作り墓地まで引っ張っていき埋める風習があった。どうしてもその日に葬儀をする必要がある場合は、夜にした。和歌山の葬儀社専務に聞いた次の証言が面白い。「友引・卯の日にどうしても葬式をせんならんとき、昼間から霊柩車のヘッドライトを点け、後ろにツチノコをつけて引っ張りましたな。霊柩車になる前は棺をリヤカーに載せて、やはり後ろにツチノコをつけて引っ張ったもんです」。ツチノコとは木槌のこと。霊柩車のライトを点灯したのは、夜を装うためだった。野辺送り・土葬をしなくなっても、槌引きの風習は残ったのである。

わらうち棒

「陸前玉造郡（宮城県）では、一年中に二人の死者があると、三人続くとて恐れ、三人目の代わりに人形を墓に埋め、または二人目の棺の中にわらうち棒を入れる習慣がある」（『語彙』）という。『葬と供養』では、熊本県で妊婦の死のときに藁人形を背負わせ葬ればウブメ（幽霊）にならぬという伝承を手がかりに、わらうち棒は「死霊の怨念ののこることを忌んで、鎮魂の目的で人形をいれた」、「この鎮魂と祓具こそ葬具としての人形の起源であろう」と推定している。

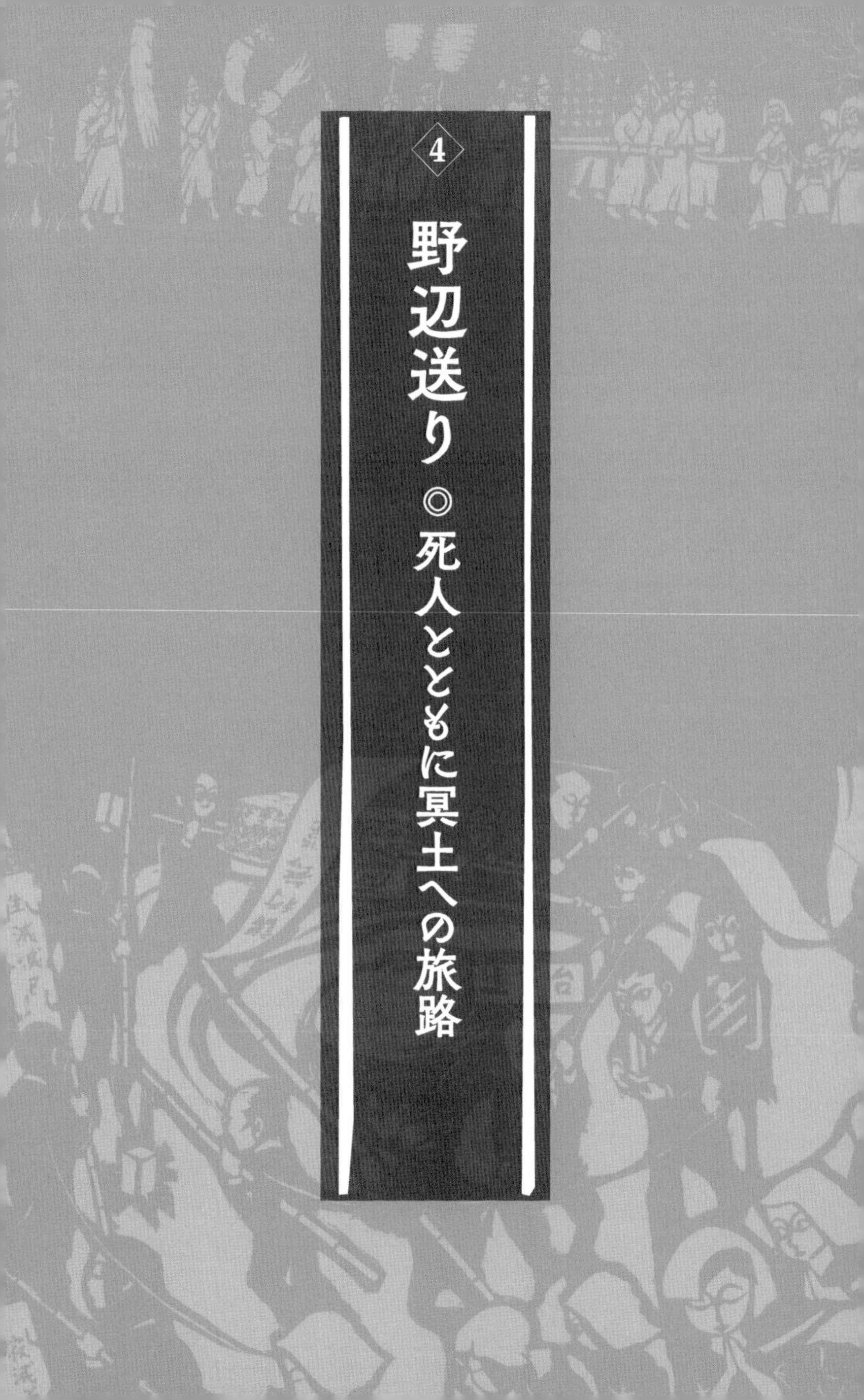

4

野辺送り ◎ 死人とともに冥土への旅路

野辺送り

墓場までぞろぞろ歩き亡き人を偲ぶ。行列を組んで故人を歩いて送る弔いの風習を、「野辺送り」という。宗派や地域によって異なる点もあるが、近親者が務めた葬列の役付けはだいたいこの絵のとおりである。

先松明―四本幡―盛物―四花―提灯―善の綱―輿（棺）―一般会葬者―殿

喪家を出発した葬列は、民家の集まる隣近所を縫うようにして、墓場まで歩いていく。先頭は先松明（⇩83頁）。衣装は白の忌中着をまとい、頭に白い三角巾をつけている。死人そのものになり切ったような姿である。その次は遺影持ち、次は墓地に立てる墓標持ち。次は幡という白い幟旗がたなびく。幡は一の幡から四の幡まで四本あった。四本幡には、「諸行無常」「是生滅法」「生滅滅已」「寂滅為楽」と無常偈が書かれている（⇩39頁）。その次の四花（⇩40頁）は紙で作った白いちぎり花のような弔い花のことである。次に、僧の列が続く。

妙鉢というシンバルのような楽器を叩く音楽僧、脇導師、導師と並んだ。埋葬墓地で死者の引導を渡す導師は、大きな朱傘を差している。その次に続くのは葬列の道を照らす提灯。

次の「善の綱」（⇩99頁）は棺を引く白い綱のことで近親女性が引っ張った（⇩「白ども」94頁）。その次の輿とは、棺を納め近親者男性が担ぐ入れ物のことである。輿の上からかざしている葬具は天蓋という。輿を荘厳にする役割がある。その後ろに並ぶのは後ろ提灯、その次の位牌を持つ白い衣装の男性は喪主である。次が死者のお膳持ち。死者の昼弁当とも呼ばれ、喪主夫人が持った。その後、村の住人が一般会葬者としてぞろぞろと歩いた。野辺送りの時代には、一般会葬者は黒喪服を着ることはなく、野良着などの普段着のまま参列した。

面白いのは最後尾の老人。「供押え」とか「殿《しんがり》」と呼ばれる。血のつながりは遠縁でも、もののわかった老人が務めた。老人がコモにくるんで持っているのは、「辻ろうそく」（⇩「道灯籠」107頁）という。辻々で亡者が六道の道に迷わないように立てられた辻ろうそくを、このしんがりの老人が抜いていった。

先《さき》松《たい》明《まつ》

野辺送りの先頭を、松明をもって先導する役のことをいう。「近江滋賀郡坂本村（滋賀県）では、葬列の先頭に先松明というのが立つ。その役は経帷子を着て頭を白細紐で鉢巻し、左肩にわら束で縛った薪を担ぎ、左足には桟俵よりも大きな草履を履き、右足には豆草履を履いている。この松明は焼かずにそのまま墓場に棄ててくる」（『語彙』）。私自身の調査でも、松明に火をつけないところは多かった。もっとも地域によって、先松明の火をつけて行進するところもある。奈良市大柳生やいまも土葬の残る大保町では、絵のようにあかあかと火をともす。

先火

野辺送りの行列の先頭を歩く松明を先火、または先松明という。上の絵では、先頭で松明と箒を持っている。このように神式の葬祭の場合、野辺送りの先頭は、松明ともう一つ、箒を持った。『古事記』に出てくる天若日子の野辺送りの行列に、「鷺を掃持《ははき》ちとし」と書かれ、「箒」を持つ役が、モガリ葬の重要な役割の一つだったことがわかる。神葬祭の野辺送りの先頭が箒を持つのは、これに由来する。

水持ち

女性が持つ「八功徳水」と書かれた桶に、村人が手作りした約十五センチのミニチュアのひしゃくが二つ載っている。一つは底が空いている。「向こうの世界（あの世）がよく見えるように」ということらしい。奈良県の山添村で聞き書きした風習。もう一枚の絵は、水持ちの桶の底に、大日如来の梵字が書かれている。

飯持ち

柳田國男の『語彙』に「葬列の旗の次、棺の前に飯持ちが行く。幼女の役で、白手ぬぐいにて顔をかくして行く。後ろを振り向いてはならぬという」とある。必ずしも幼女ばかりでなく、大阪府の能勢では、白ずくめの喪主夫人が亡者の飯を持ち、その役を「昼飯」と呼んでいる。

また『語彙』は入棺後の死者に供える飯を「一杯飯」という名で採録している。「青森県野辺地ではこれを葬列に捧げていく」が、「炉の一隅に三本の棒を立てて炊き、決して普段の炉の火処では炊かない」という。

野辺送り団子

阿蘇（熊本県）の宮地町ではうるち米を固く作ったものを、「野辺送り団子」という（『語彙』）。埋葬後一同でその場で食い、残りは全部棄ててくる。

奈良県吉野郡黒滝村では、野辺送りのときに、竹串に団子を七つずつ七本、ワラに白い紙を巻いた円柱にぐさぐさと刺した餅を持って歩いた。これを四十九モチ（⇩180頁）と呼んでいる。村営の火葬場のある墓地で食べた。これを食べると歯痛が治ると言われたという。

飾り煎餅

土佐長岡郡（高知県）では、「飾り煎餅」と称して、小判型の黄白紅三色の煎餅を二、三枚ずつ竹に挟んだものが葬列に加わる村があったという（『語彙』）。大阪府の能勢村の野辺送りでは、造花の茎部分に板を貼り付けて団子、煎餅をつけた盛物の例がある（⇩「盛物」43頁）。これを『葬と供養』では、死者の霊に供える、食物霊供であるとしている。この絵は、蓮華の花をかたどった菓子や落雁を直方体の板に貼り付けた盛物で、伊吹山のふもとの村で見られた例である。

四つ餅

モチは土葬の村の葬儀に重要な役割で登場する。剣豪の里、柳生をはじめ奈良市東部の山間部の村の野辺送りでは、四つのモチを前後二つの木箱に二個ずつ入れて担いだ。法界弁当ともいう。「法界」は仏法の及ぶ世界を表す仏教用語だが、法界弁当は西方極楽浄土へ旅立つ道中で死者の食べる弁当という。

この絵は、奈良市田原地区の寺院、十輪寺の倉庫にしまわれていた四つモチを入れる木箱の一つ。「野飯」も四つモチ同様、野にもっていく死者の飯のことである。

六役

三重県志摩のある地域で葬送のとき、色着（葬儀の白い衣装、⇩14頁）を着る者をこう呼んだ。位牌持ち、棺担ぎ二人、水桶持ち、飯盆持ち、土かけ役（埋葬の穴堀役）の六人。さしずめ白ずくめで死出の旅を飾る六人衆である。また「陸中鹿角郡（秋田県）でログヤグというのは、葬式に死者の近親の男六人が受け持つ役で、白衣の上下を着て、額にはシハン（白い三角巾）を付ける。常陸の稲敷郡では穴掘り人のみをロクヤクと称している」（『語彙』）。「七役」というのもあって、「陸中九戸郡（岩手県）で葬列の七役というのは、明火、茶水、煎餅山、六子ダンゴ、一杯飯、燈、香炉をそれぞれ持つ役のこと」という。

色裃《いろかみしも》

野辺送りの葬送用の白い裃のこと。喪主や長老格の人、弔いをよく知り、もののわかった老人が着た。『語彙』には「越後（新潟県）の頸城《くびき》地方では、尊長の葬送に男はエロ上下、女はエロカツギを着る。（中略）卑親の時は並の上下、カツギである。七日詣が済むと、これを寺へ納めるのが正則で、エロ代とて代金で上納するものもある」とある。尊長とは、敬意を表すべき長のことだろう。カツギは中世女性が外出時に顔を隠すため頭からかぶった長い衣。その後、葬送のとき女性のかぶる白い被り物を指すようになった。

シハン・卍《まんじ》布《ぬの》

額に当てた三角巾。シハン、シハウ、宝冠、カミエボシ、ゴマシオ、マンジノヌノなどさまざまな呼び名があった。宝冠とは、三角巾のもとになった大日如来の宝冠のことを指す。「シハンは紙冠の訛りではないか」と『語彙』は推定している。下の絵にあるように額につけないで、小さな白の三角巾を両耳にイヤリングのようにつける地域もけっこう分布している。『語彙』も「死者ないし葬儀に列する特定の人々が頭部に紙あるいは布を附する風は広い」と書く。

忌中笠

死を悔やみ目深にかぶる忌中カサ。葬列の道中で、喪主など死者の近親者の男性がかぶった深編笠のことである。『語彙』には、「土佐（高知県）の長岡郡では、葬列の忌がかりの男子は忌中笠とて藺《いぐさ》の編笠をかぶり、女子は木綿片で顔を包む」とある。

白ども

『語彙』には「岡山県御津郡馬屋下村では、婦人の会葬者を白供と称し、死者と血の近い者が棺に近く立つ」とある。この切り絵は、滋賀県の野洲市の村での様子。白ずくめの着物、素足にぞうり、白い頬かぶりの女性たちはみな故人に縁のある者ばかりである。血の濃い女性はみな白ずくめの恰好をし、「白鳥」と呼ばれた。まさに故人を偲ぶ白鳥が舞ったかのよう。うしろの山は三上山。

色

色着（⇩14頁）のこと。この絵は、右から時計まわりに、女性の弔いのかぶり物の変遷を描いている。平安時代の上流婦人のかぶったかずきに似た白かずき、そのほか、片袖、角隠し、綿帽子、白手ぬぐいのほおかぶりまでさまざまな形態があり、時代とともに少しずつ変遷している。白い被り物はさらに簡略化され、髪の毛に小さな扇形の白い髪飾りをつけた地域もある。滋賀県長浜市のある女性は、その小さな白い髪飾りを葬儀用として嫁入り道具に忍ばせて嫁いだという。

憂《うれ》い髷《まげ》・忌中島田

弔い時の女性の髪形。髪の結い方も葬儀専用で「色着髪」「忌中島田」「憂い髷」などいくつかの呼称があった。「つぶし島田のような髷で前が二つに分けてあり、元結は黒、油類を用いずに一切水洗で結いあげ、忌中の間はこれを結ぶ習いであった」と、『語彙』の中の「色着髪」にある。また「忌中島田」の項には「出雲簸川《ひかわ》平野（島根県）では、葬儀参列の婦人はいずれも忌中島田と称する、形の小さい白紙をかけた髷に結い、白い小布を前額に当てる。死者の娘や姉妹は被衣で顔を覆い、死者が男なら左袖、女なら右袖をかぶる習いである」とある。

不幸島田・サカサ帯

一種のつぶし島田に結った不幸時の髪形のことを「不幸島田」とも言った。この絵の女性は不幸島田に結い、太鼓帯の結び目が前に来るように前後さかさまに結んでいる。今も土葬の残る奈良市大保町、大柳生で見かけたサカサ帯の風習である。喪主夫人はこのサカサ帯の結び方で、野辺送りに参列した。

死《し》人《びと》わらじ

　野辺送りの葬列のときに履く草履のこと。伊吹山のふもとの村では、葬式の前日、ワラを打たずに縄ないをして作られたという。通常のわらじより長ぼそく、ワラを打たないため荒々しい、または痛々しい感じがする。「陸前志田郡敷地村（宮城県）では、葬式の時に履く草履を死人草履という。帰途は路傍に捨てる。これを履いて山へ行けば、踏抜きをせぬという」（『語彙』）。

善の綱

野辺送りの棺につないだ長い白木綿が伸び、近親縁者の女性たちで引いてゆく。これを「善の綱」という。全国あちこちで同じ風習がみられる。善の綱は、縁の綱、惜しみ綱、名残り綱など様々な名で呼ばれた。

「紀州那賀郡（和歌山県）では、死人に縁のつながる婦人が白無垢姿で、これを曳いて門まで出る。綱につく順序は忌を受ける度合に従うのが普通で、肥前島原（長崎県）などは死者に遠い者ほど先を持つ。讃岐の三豊郡（香川県）では臨終の介抱をミイレと言い、それは多く長男の嫁であるが、ミイレした人がこの綱の先頭に立つ習いである」（『語彙』）。

諷《ふ》経《ぎん》

柳田國男の『語彙』に、「檀那寺住職にあらざる僧」または「親族にあらざる会葬者」を意味すると出てくるが、必ずしも意味は一致していないという。昔の村の野辺送りでは、引導を渡す僧以外に多宗派の僧が集まることも多く、諷経僧も参列した。遺族の中で他家へ養子か、または嫁いで行った先の家の他宗派僧もまじったからだろう。滋賀県野洲市の真宗地帯では、野辺送りの行列が墓場に着くと、導師を務める真宗の僧と各宗派の諷経僧は、声をそろえ、いっしょに真宗の正信偈を唱えたという。

苦界

野辺送りに参列する村の会葬者を「苦界」と呼ぶ地域があった。「佐渡（新潟県）で親戚ならぬ会葬者をいう」と『語彙』にある。たいてい会葬者は、野辺送りの行列の最後に連なった。しかし例外もあって、奈良市大柳生は、一般会葬者のほうが先頭を歩いた。大柳生は歴史的に春日大社と深い結びつきがあり、「できるだけ早くケガレを避ける」という意味合いがあったという。神社に遠慮した同様の事情は他の地域でも見出せる。

下座・門受け

サンマイと呼ばれる埋葬墓地の入口には、たいてい六体の地蔵が立っている。その横で、白づくめの喪主、喪主夫人が、荒むしろを敷き、土下座して弔問のお礼を申し述べた。これを「下座」、または「門受け」という。いまでいうと、葬儀場で弔問客の焼香後の、遺族のあいさつに似ている。「岡山県邑久郡でも、葬儀の墓地からの帰途に、路傍に薦を敷きて下座して会葬者に礼を述べることをかく言う。たぶん喪にある人々なる故、常人の生活形態と異なる様式を示すためであろう」（『語彙』）。

野礼

下座と同じ意味。絵のように、石地蔵の前に喪主夫婦が脱ぎ捨てた草鞋が残っていた。

喪主のお礼のあいさつは、土下座で行う野礼を経て、現在のような立礼に変遷していったのだろう。土葬がごく最近まで続いた奈良市月ヶ瀬の墓地でも、同様に石地蔵の前や、喪主夫婦が坐した粗莚の上に脱ぎ捨てられた草履を見かけた。草履を墓地に置いておくのは、死のケガレを家まで持ち帰らないためと思われる。

孫の輿《こし》

輿とは、棺を担ぎやすいようにした入れもののこと。輿を担ぐのは血縁の濃い男の仕事だが、故人に成人した男の孫が四人いれば、彼らがこの役に当たったという。この絵は、与論島（鹿児島県）の野辺送りで、輿を担ぐ様子を描いている。聞き書きした男性の話では、彼の父の葬儀のときにはあえて孫たちに担がせた。「受けた恩返しにそれくらいの奉公はやれと言ってさせた」と言っている。ちなみに与論島の多くは神葬祭である。寝棺の上に載っている屋形は「霊屋」（⇩152頁）とも言い、神葬祭でよく用いられる。この屋形は埋葬地の上に置かれ、故人の死後の住まいになる。

添え方

棺桶を担ぐ、助っ人の男性のこと。与論島（鹿児島県）では、棺を担ぐ四人は、途中、棺を絶対に下ろしてはいけないとされた。理由は「棺を下ろした場所に故人の霊が居ついてしまうから」という。しかしたいていの地域では、墓地まで棺を担ぐのは重く、このような助っ人がついた。

「信州北安曇郡松川村（長野県）等では、棺を運ぶ者を添い役という」（『語彙』）。添い役または添え方は、近親者だけでなく親友等も務めたようだ。

前担ぎ・後《あと》かき

棺の前のほうの棒を担ぐのが前担ぎ、後ろを担ぐのを後かきと言った。ただし『語彙』では、「信州諏訪（長野県）で、棺担ぎではないが、棺のすぐ前方を行く者を前担ぎ、または前持教養と言い、二男とか孫とかが金剛杖を持ってこの役に立つ」とある。後かきは「棺の中の死人は後ろ向きだから、アトカキは最も死人に近い者であるといい、祖父母なら孫が介添に連れられて立つ」という。「棺の中の死人は後ろ向き」とは、この絵のように、棺の中の死人は生まれた家が見えるように進行方向の反対向きに座らせたことを言っている。私の聞き書き調査でも、後ろ棒は長男や喪主が担ぐことが多かった。

道灯籠

葬列道中の辻々の道の両脇に刺した灯籠。青竹を細く割り、灯籠の受け皿に木の葉、または輪切りした大根を載せ、その上にろうそくを立てた。「辻ろうそく」とも「六道」ともいう。複数の道が交差する辻々を六道輪廻への道角に見立て、辻ろうそくが六道を照らす役目をするというわけである。

「肥後玉名郡南関町（熊本県）では葬列が墓地に近づくと、先発の講中の者が、道灯籠と言って女竹の先に小さい板をつけ、それに裸ろうそくを点じたのを、道角や分かれ路に立てる。これが立っていないと棺は進むことができないのである。そして墓地では弔いの行列が見えてくると盛んに火を焚く」（『語彙』）。

路地念仏

道中で唱える念仏を「路地念仏」または「地念仏」という。この絵の鐘を持つ小僧は、路地念仏をする際の鐘打ち役。「福岡市附近では、真宗の葬式は自宅仏壇前で枕経を誦し終わってから出棺し、路《じ》念仏、通称路地念仏を唱えつつ斎場に赴く」（『語彙』）。

門送り

野辺送りの会葬者は、みなが葬家から墓場まで付き添うわけではなく、行列の途中から合流して参列する場合もあった。「千葉県印旛郡遠山村などでは、不幸のあった家には入らずに、自分の家の門から葬列に加わって送ることを門送りという」と『語彙』にある。奈良県山添村では、行列に加わらず辻々の決まった場所で、最後の見送りをする人もいたという。

廻り場

どの埋葬墓地にも、棺を置く石造りの台があったものだ。野辺送りの葬列が墓地に着くと、石台の周りを時計まわりに三回まわった。これを「廻り場」といった。『語彙』には「たぶん死霊の後に戻ることを避けんとする意に出た呪法の一つであろう」と書いてある。もともとは、三匝《さんそう》と呼ばれる仏教的な宗教儀礼なのだが、その意味は薄れた。そのせいか「まだ迷ってはるホトケさんも、ぐるぐる三回まわっている間に目がまわってしもて、わけわからん間に、ええとこ連れてってくれはるのや」などと村人は言う。三回まわる儀礼は墓地だけでなく、「寺の庭でも、辻堂の庭、自宅の庭でも行うものがあり、いずれも穴廻りと呼ばれているらしい」（『語彙』）。

5 三昧にて

① 土葬と埋め墓

サンマイ

埋葬墓地の別名に、サンマイ（三昧）がある。三昧とは、仏教的には心が統一され瞑想で精神集中が深まりきった状態のことをいう。転じて人が亡くなった状態、あるいは墓所そのものを指すようになった。この絵は、二十世紀の終わりまで土葬のあった大阪府能勢町のサンマイ。埋葬時以外は誰も寄りつかないために、私が訪れたときは草ぼうぼうとし、向こうのほうに六体地蔵が、左手前に迎え地蔵菩薩の姿が見える。

野《の》拵《ごしら》え

土葬の埋葬地の穴を掘ること、またはその役のこと。この絵のように、朝から穴掘り役が埋葬地を掘り、野辺送りの到着を待ち構えている。「紀州南部（和歌山県）、阿波（徳島県）の山間でも、墓穴掘りを野拵えと称し、その共役を野拵え人と言っている」（『語彙』）。

同様の意味のことを「野普請」ともいった。安芸山県郡（広島県）の山地では「同行と呼ばれる隣補組合から野普請が二人出て、棺をかつぎ、そこは火葬だから焼く仕事にあたる」ともある。野拵えまたは野普請役は、土葬なら穴掘りを、火葬なら野焼き火葬に従事したというわけである。

穴掘り酒

土葬の葬儀で一番の大役は穴掘り役である。この役に就くものには、酒がふるまわれた。「三河（愛知県）山間部で、組内の者が二人ずつ穴掘りに当たり、（中略）穴掘り酒をあてがわれる風がある」（『語彙』）という。絵のように墓で酒を飲むこともあるが、普通は埋葬を終えて喪家に戻ると、来賓の親戚縁者を差し置いて一番の上座で膳が出され酒をふるまわれた。近畿地方の聞き書き調査でも、穴掘り酒の風習は各地で聞いた。

野机

サンマイ（埋葬墓地）には、蓮華台《れんげだい》と呼ぶ石の棺台（右の絵）と長方形の葬礼用の石台（左の絵）があった。蓮華台には蓮の葉がかたどられていて、野辺送りで運んだ棺はここへ置いた。葬礼用の石台には、野辺送りの葬列で持参した花、盛物台、香炉などを置き、導師はその前に立ち、引導を渡した。かつて土葬の行われた村の墓地は、野辺送り・埋葬をしなくなった今でも、野机を残しているところがかなりある。

野葬礼

昔の葬儀は、ふつう喪家における式と、埋葬地における式、およびその途中における式とに分けて考えることができる。『語彙』では、このうち埋葬地における式のことを「墓葬礼」（野葬礼）として以下のようにまとめている。「肥後の阿蘇地方（熊本県）で、葬式は座敷で行わるる場合を内葬礼とも座敷葬礼とも言い、庭で行わるるのを外葬礼といい、墓場で行わるるを墓葬礼と言う」。

この絵のように、土葬・野辺送りの墓葬礼では、墓地で引導儀礼が行われた。一番奥に「南無阿弥陀仏」の石塔、その前に座棺のある蓮華台、その前の四角い石台（野机）に葬具を載せて、導師は、サンマイ（埋葬地）での最後のお勤めをした。

埋け下ろし

埋葬作業のこと。全国にさまざまな埋葬の仕方がある。『語彙』によると、宮崎県の椎葉村では、四人がかりを常としているという。「クワハジメ」という言い方もあって、土佐のある村では埋葬時に棺を縛っている縄を鍬で切ってから、相続人（喪主）が土を入れた。肥前五島（長崎県）では埋葬のときに、「棺を穴に入れてから一般会葬者が、棺桶に向かって小石を一つずつ投げつけ」た。これを「土産石という」とある。

いも埋け

「死体を棺に入れずに菰《こも》包みとし、芋などのごとくに埋めることを、三河の北設楽郡（愛知県）ではかく言う」と『語彙』は述べる。

仏教民俗学者の五來重をはじめ、日本の葬送史の民俗学研究の進展で、土葬に先立ち風葬や死体を野に打ち捨てるだけの遺棄葬の時代があったことが明らかになってきている。死体を遺棄した時代から、いも埋けを経て、個々の棺に納め丁重に埋葬する時代へ変遷する中間的な形態だったのではないかと考えられる。

無常の煙

遺体を野焼き火葬すれば、当然、煙が上がるが、ここで言う「無常の煙」はその意味ではなく、土葬を終えたあと火を焚く風習のことを指している。『語彙』によると、「信州諏訪地方（長野県）では埋葬後火を焚いて無常の煙をあげるが、これは魔除けのため」という。近畿の野辺送り調査では、墓で火を焚くのは埋葬後ばかりでなく、野辺送りが墓地に着いたときにも、先頭の松明が燃やされる例を多く見出している。

卵塔

一般に僧侶の墓と解されている。墓石の上部分が卵形という特徴があり、卵塔と呼ばれる。しかし「乱塔」「藍塔」と表記する場合もあり、『語彙』では、「墓地をラントウ、ランバ、ラントウバ等と呼ぶことは中国近畿以北の広い範囲に及んでいるが、(中略)意味は明らかではない」としている。ただしラントウは両墓制の埋め墓ではなく、「石碑の立った祭地をラントウと呼んでいる」土地もあることを述べている。つまり埋め墓とお参り墓という両墓制にあって、ラントウは石塔の立つお参り墓とも考えられる。

蓮台野

蓮台野は京都市北区船岡山の西麓の地名で、鳥辺野と並んで京都の歴史的な代表的葬地である。『語彙』は「京都のそれのみ著名であるが、全国にわたってその数が非常に多い。（中略）蓮台は通例棺を運ぶ乗物の名と考えられ」ると述べている。埋葬墓地にある石の蓮台は、通常、石に蓮華の模様が刻まれた石の台で、墓地で棺を置く石台のことである。そこから、墓の引導場のことを蓮台野と称したのだろう（⇩「野机」115頁）。

子《こ》三《ざん》昧《まい》

子どもの埋葬墓地。子どもの葬式は大人の葬式と、さまざまな点で形式を異にしている地方が多い。『語彙』によると、播磨地方（兵庫県）では、子どもだけの埋葬地が大人のものと別になっていて、「子三昧」と呼んでいる。滋賀県野洲で、サンマイまでの道は「往生道」と呼ばれた。それとは別に「陰《かげ》道《みち》」と呼ばれる畦道伝いの道があった。子どもに先立たれた場合、親は「往生道を絶対に行くな」と言われた。子の死は逆縁だからである。そこで子を亡くした親は子に会いたさにこっそり陰道を偲んで行ったという。

童墓

子どもの埋葬墓地。沖縄では幼い死者のために特別の墓を設ける。「沖縄列島では六歳以下の小児が死ぬと、後生で乳の親に養われるものと信じられ、必ずお重（重箱）を盛って乳の親を頼むためのお祭りをする。黒髪を長く垂らし、乳が特に大きく、極めて顔の優しい女性とされ、それが童墓に住むものと思われている」（『語彙』）。石垣島では、「死児は棺内に正座させ、太陽に向けて合掌させて葬る」（『語彙』）。そうすれば再び生まれ出て、子孫繁栄するものとされていた。

ネコ三昧

播磨（兵庫県）の神崎郡には、「猫三昧という特別の共有墓地があり、そこはもっぱら胞衣や早産の嬰児を埋めるために使われていた」（『語彙』）という。大阪府能勢の聞き書き調査では、屋敷墓に胞衣を埋葬する小さな穴が設けられていた。

なぜ猫なのかは不明。「葬墓制には説明しがたい不思議な現象がたくさんあるが、これは過去の日本人の宗教意識の表出であるから、現在の常識では不可解なのは当然である」と五來重は述べている。

土《つち》蓋《ぶた》

「大和宇陀郡（奈良県）の山地では、棺を穴に納めたら周囲に土をいれ、上に厚い木の板を置く、それをツチブタという。その上に土地の高さまで（つまり地表まで）小石をのせ、さらにクサヅカと呼ばれる土饅頭を盛り上げるのである」（『語彙』）。同様の風習は、奈良のほかの地域でも滋賀県の村でも見出した。土蓋は、遺体が朽ちて埋葬地がへこむことを防ぐためと言われている。

魔払い・枕石

死んだ人を埋葬した後、その上に竹三本を交叉させて組み、鎌を吊るすことを魔物除けとか魔払いと呼んだ。さらに埋葬地に死者が石を抱くように平たい石を置いた、これをフトン石という。その頭のほうにはマクラ石という立石を立てた。五來重の『葬と供養』によると、鎌、マクラ石、フトン石のいずれも荒ぶる死霊を鎮める葬具という（⇩「魔祓い」44頁）。

仏木・仏石

埋葬された棺の真上に立てる四角の木柱を「仏木」と呼ぶ。墓標のことである。「薩摩甑島《こしきじま》瀬々ノ浦（鹿児島県）では、墓の棺の真上に立てる四角な木柱を仏木と称す。表に戒名、右側に年月日、左側に年齢、裏に俗名を誌す」（『語彙』）とある。また「長門日置郡矢ヶ浦（山口県）で墓碑のことを仏石をいう」とある。さらに、「広島市附近では墓は四十九日までホトケ石は横に寝かして、上に障子張りの屋根をしつらえる風があり、阿蘇地方（熊本県）では葬式翌日のハカツキ（墓築き）に近親者のみ新墓に詣で、盛り土を饅頭形に盛り直して、その上に自然石の適当な大きさの物を載せ、これをやはりホトケ石と言っている」という。

息つき竹

「常陸新治郡（茨城県）では青竹の長さ六尺以上のもの二本の節をぬき、多く手伝い人の一人が持って葬列に加わり、そして埋葬したる土饅頭の中央に立てる風がある。それは息つき竹と呼ばれている」（『語彙』）。埋葬後もなお、死者が蘇生することを願望したのだろうか。「たぶん霊の通路とするために必要だったのではあるまいか」と柳田國男は解説している。

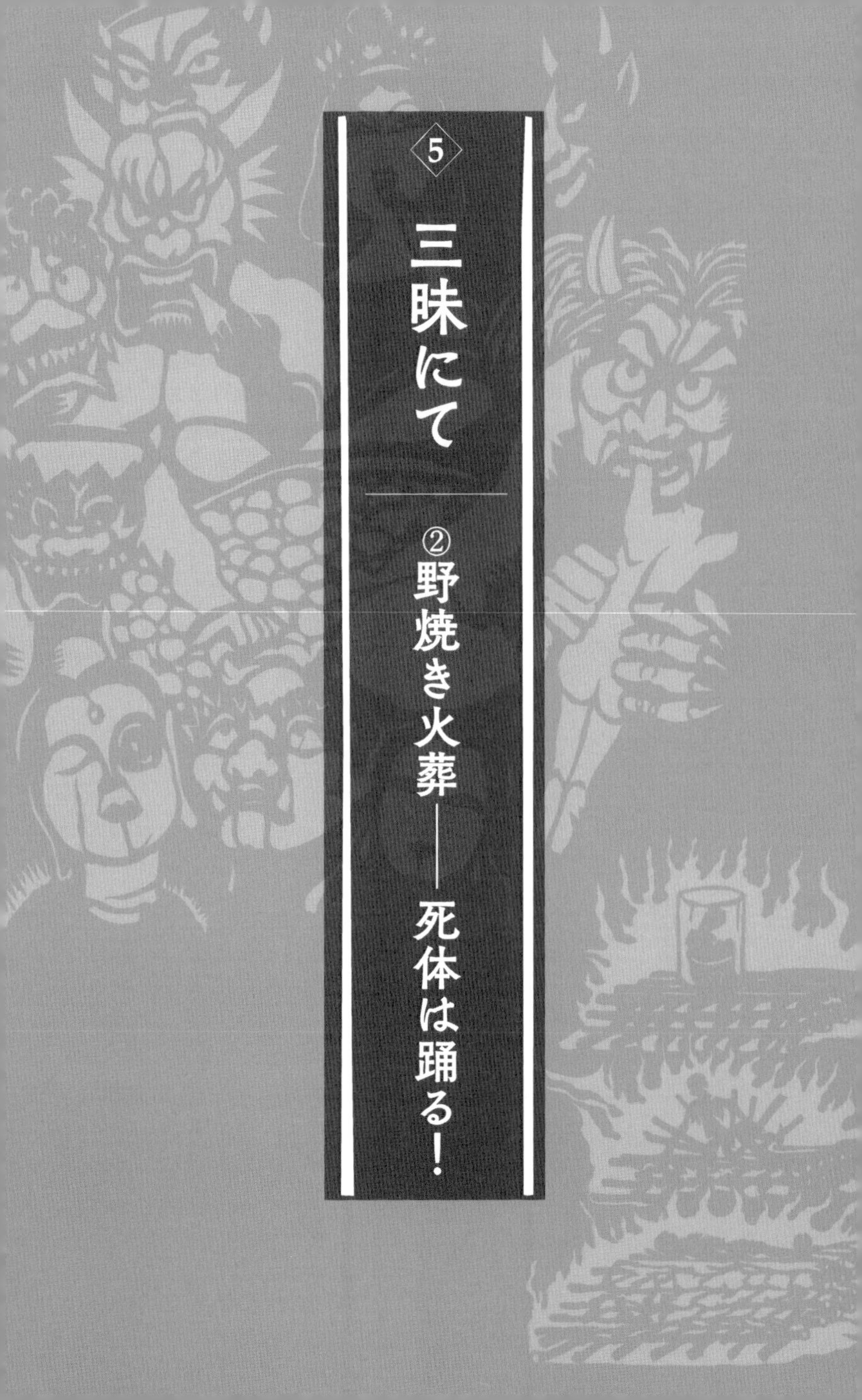

5

三昧にて

②野焼き火葬――死体は踊る！

山じまい・四門・サカドモ

山じまいは、野において荼毘《だび》に付す、野焼き火葬のこと。この絵のようにマキを井桁に組み、その上に棺を載せ、周囲に四つの門を立てた。野辺送りの行列が野焼き火葬場に着くと、遺族は、右回りに四つの門を三回経めぐることを行った。これを「四門行道」という。四門を立てるのは、禅宗の四門の火葬儀礼によ る。東の発心門、南の修行門、西の菩提門、北の涅槃門と時計回りに順にくぐることで往生を遂げるという意味がある。弔いの習俗として普及し、能登の鹿島郡（石川県）では、火葬の都度、四本の丸木を立て竹で寄木造の屋根をつけ、棟と軒には形ばかりの麻木を結びつけたという。

その後、遺族が点火し、茶毘に付した。野焼きの習俗に「ダキイモ（抱き芋）」という言葉がある。『語彙』によると、越中上新川郡（富山県）などでは、火葬する際に山芋を入れて焼き、それを食べると脳病が治るという。野焼き火葬の調査では、火葬された遺体の脳みそを食べたという話を聞いたことがある。

野焼き火葬で全国にほぼ共通するのは、棺に濡れむしろをかぶせて点火することである。このことを「サカドモ」という地域があった。サカドモは九州豊前（福岡県）の言葉で「濡れむしろ」のことをいう。この濡れむしろを火葬の際に棺にかぶせた。この絵で説明すると、井桁を組んだ上に置かれた座棺に、火葬のころあいを見て、サカドモ（濡れむしろ）をかぶせた。こうすることで火を低い温度にして、死者をゆっくり蒸し焼きし、骨の形がきれいに残るという。いまでも日本の火葬は、他国と比べて素焼きに近い低温でゆっくりと茶毘に付す。ごみ焼却のような高温で火葬する多くの国では、遺骨は跡形もなく粉になる。日本の場合、いかに「骨まで愛する」信仰が現在まで温存されてきたことか。

ムセヤ・ホド・廟《びょう》所《しょ》

ムセヤは火葬場のこと。この絵は、野天の火葬場から、レンガ造りの火屋、さらにはボイラー式火葬炉のある、現代の火葬場の原型に近い形への変遷を描いている。一番右上の絵は、四門を立て、中央に濡れむしろをかぶせた棺を置き、火葬している（⇩「山じまい・四門・サカドモ」130頁）。

野焼き火葬の穴のことを「ホド」（女陰）と呼ぶ地域もあった。「女人を焼いているホドに雨が降ると、七日降り続くという」（『語彙』）。廟所は一般に死せる人の眠る安穏廟のことをいうが、火葬場自体を指すこともあった。

野の人・三昧太郎

野焼きの準備をする役のことを「野の人」と呼ぶ。富山県などでは「三昧太郎」と呼ばれた。三昧太郎は富山県や石川県に伝わる妖怪のこと。火葬場で死体を千体以上焼くと死霊が集まり、人のような形になるという。そこから転じて、野焼きをする人のことを「三昧太郎」と呼んだ。

昔のお葬式で一番の大役は、土葬なら穴掘り役、火葬なら野焼きの準備からコツ上げまでの見届けをする役といっていい。墓場から帰ると野の人は、労をねぎらう意味で、どの村でも遺族から酒、風呂のふるまいを受けた。

灰塚

火葬後の残骨の処理場を言う。火葬後、遺骨の大切な部分は遺族によって遺骨拾いされる。遺骨拾いは「ハカツミ（墓積み）」「ハイダレ（灰だれ）」などと呼ばれた。それ以外の残骨は茶毘所の隣にまとめて埋め、これを灰塚と称した。この絵は、滋賀県東近江市の墓をもたないことで有名な真宗の村で見つけた、石碑の立った灰塚跡。落語の「らくだ」の舞台になった江戸時代の大坂の火葬場「千日前墓所」にも、灰塚はあった。地図で確かめると、現在のなんばグランド花月の敷地あたりに灰塚はあったようである。

ネフタ

「ネフタ」も「山じまい」（⇩130頁）同様、昔の野天の野焼き場のことを指す。

火を点火してからどれくらいの時間が経っただろうか。木製の座棺は燃えてなくなり、ホトケの姿が火の向こうに見えている。そのとき死体が踊って見えたという何人もの証言がある。座った格好で納棺されたホトケは、火が燃えるにつれ縛っていた縄がほどけ、折り曲げていた膝が前方に伸びていく。上体は後ろのほうに倒れ、ホトケは仰臥する。この過程で死体は動き、生き返ったかのように動いて見えたのだ。

釜場

火葬場のこと。野焼きの風習が途絶えた後、村人自身が焼いた火葬炉のある火葬小屋をこう呼んだ。近代的な火葬場ができ、火葬小屋が使われなくなった現在でも、昔の村の共同墓地には、解体されることなく釜場が保存されている地域は意外に見出される。筆者は、滋賀県長浜市川道、兵庫県川西市加茂地区の墓地で発見した。

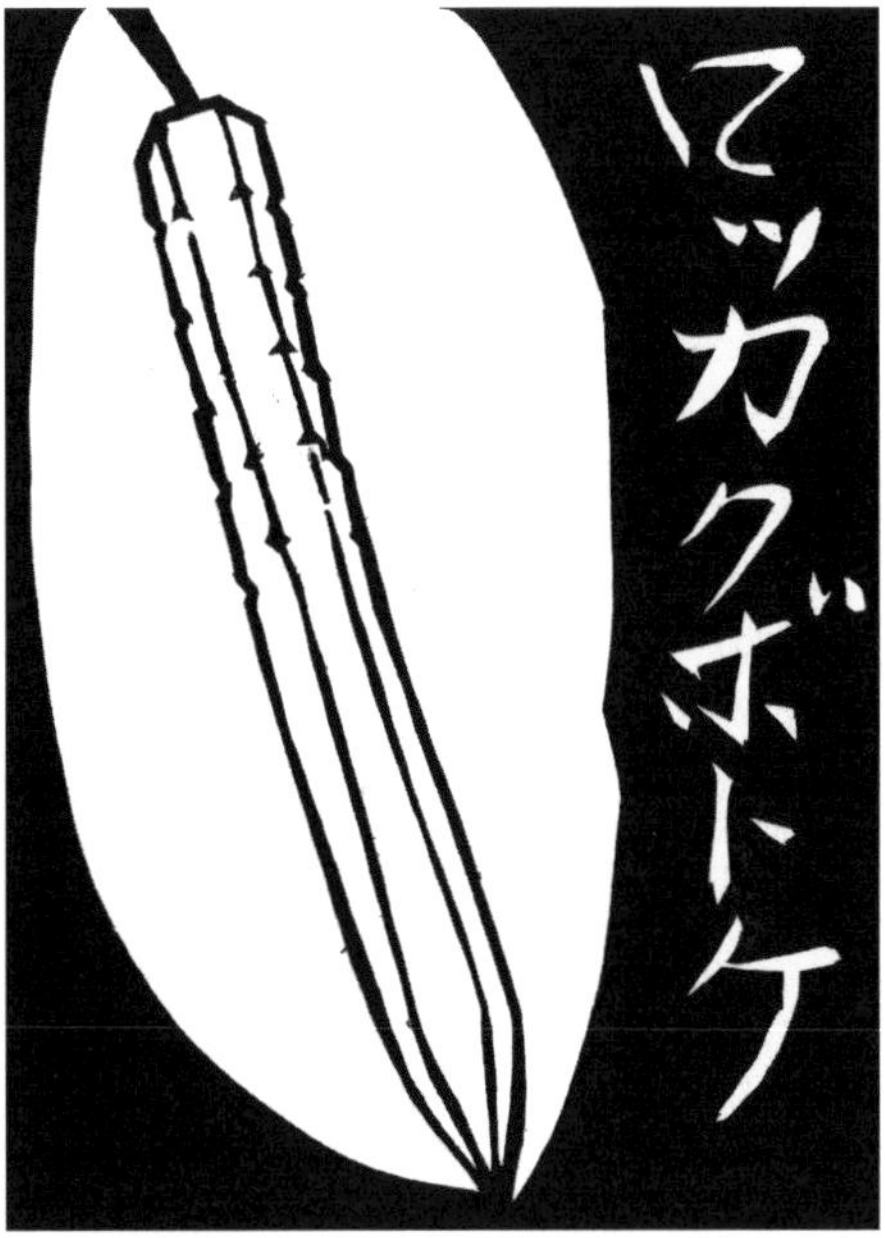

六角仏

長さ約三〇センチ、径約五センチの六角に削った木棒。真言宗に用いられる塔婆。火葬された遺骨を拾う儀礼の際に立てる。「(火葬で)すでに肉体がなくなって依る所を失った死者の霊魂を、この六角塔婆に移しておいて、墓へ運ぶ意味であろう」(『葬と供養』)と仏教民俗学者の五來重は言っている。

骨咬み

大切な人の遺骨を食べてしまいたいという抜き差しならない衝動から、骨をかじる弔いの風習をいう。九州に多い風習と言われるが、意外に身の回りにも骨咬みの経験のある人に巡り合うことがある。たいていの人はただ「苦かった」と述べる。『語彙』には、葬式のごちそうになることを骨咬み、または骨をしゃぶるというとある。しかし骨咬みは、人肉を食うカニバリズムの心性と関係がありそうに思う。この絵は六車由実著『神、人を喰う』（新曜社）という本にインスピレーションを得て、描いた。

6

野帰り◎死者とかわす無言劇

足洗い水・水汲み

盥《たらい》の水で足洗いするのは野帰りの一般的な清めの風習である。だがこの絵は京都府南山城村に残っていた不思議な風習で、「水汲み」という。土葬から戻ってきた喪主夫人が家の玄関外で、空のひしゃくで空の盥に水を入れる真似をする。女性の所作は、まるで死者の魂とかわす無言劇のようだ。『語彙』によると、沖縄の大宜見村や国頭村などに「シオケ（潮蹴）」という風習がある。一本ずつススキを切ってその先を結んで一対のくぐり門を浜の砂上に作る。男はこの一方の門をくぐりぬけて海に行き、手足を洗って、もう一方の門をくぐって帰る。女はその反対にくぐる。この動作は死霊を除けて身を清めるためという。

たちがわらけ

「豊後南海部郡木立村あたり（大分県南部）で立ちがわらけと呼ぶのは、出棺の際ではなくて、葬式からの帰りがけに、畦のところで無理に会葬者に酒を飲ませることだという」（『語彙』）。筑前の志賀島（福岡県）でも同様のことをするとのことである。かわらけは、使い捨ての素焼きの土器のこと。そのような簡素な器に酒を盛り、駆け付け三杯のような無理強いをしたことを想像させる。

親払い

「信州諏訪郡（長野県）の本郷村、落合村では、親の死んだ時の野帰り後はただちに家の庭で空臼を搗き、これを親払いと称している」（『語彙』）という。滋賀県の甲賀での聞き書き調査でも、やはり野帰り後、葬式餅を臼に入れ、杵でつくような所作をするという風習があった。パントマイムの動作で餅を搗くのである。餅の数は二十個ほどとのこと。臼でつくいわれや意味を尋ねても「ええとこ行けよ、極楽へ行けよという意味やろうな」と村人は言うばかりで、謎は解けない。

野帰り膳

埋葬を終え、野辺送りから帰った後、喪家に近親者が集まって食事をする膳のこと。この絵は、滋賀県東近江市石塔町での野帰り膳の光景を描いている。二人の男性が敷居を挟んで、後ろ向きに大きな餅を引っ張りあっている。この奇妙な弔いの風習を「引っ張りモチ」(⇩144頁)という。モチを家の財産に見立てて、モチをよりたくさん引きちぎったほうが勝ちという弔い遊びである。証言者の高畑富雄さんによると、勝負モチとも呼ばれたという。

引っ張りモチ

引っ張りモチは、墓地から野帰り後の弔いの風習として、近畿地方ではかなり広範囲に存在する。奈良県の聞き書き調査では、玄関の敷居を挟んで、喪主夫人と他家へ嫁いで行った女性が後ろ向きになり、椿円の大モチを引っ張りあっている。ただし、ところ変われば意味も変わってくる。『語彙』によると、秋田県の羽後東田川郡の火葬の行われている地では、焼き場で餅の引っ張り合いをすることを「引っ張り餅」と呼んでいる。そのとき「できるだけ遠く後方に投げると、後の世で屋敷の広い家に生まれるという」とある。

朝参り・灰よせ参り

野辺送りの翌朝の墓参りを「朝参り」と呼ぶ。大阪府豊能郡能勢で、野辺送りをした葬式の翌朝、喪主は白の裃、妻は白い着物に白いかぶりもので頭を覆い、コウモリ傘をさして墓地まで歩いた。この朝参りを「灰よせ参り」という。『能勢町史』によれば「持ち物は塔婆、鉦、ろうそく、線香、シキミ、水、花、鍬を持っていく」とある。

ところで、能勢は村人が語る素浄瑠璃が有名だ。「おやじ」と呼ばれる太夫の長を頂点に、村人の門人たちで構成されたこの制度は、江戸期以来二百年以上続いている。三十八代おやじも、実の父が亡くなったとき、「家内と二人で夜が明けるころ灰よせ参りをした」という。一九八九年のことだ。白装束の道行の姿は、人形浄瑠璃を見るようである。

夕参り

奈良県十津川村で、墓地で一週間、夕方から火をたく風習がある。これを「夕参り」という。土葬墓地を獣に掘り返されないように、あるいは悪霊が出ないようにするためという。「子どもは夕方、墓に行くな。行くとなにものかに連れ去られる」と言われたという。

滋賀県の湖北の村で聞いた話だが、新しい埋葬があると、しばらくの間、夜、村人が墓を警護した。それは副葬品の金銀細工物の盗掘ばかりでなく、死人の肝を奪うのを防ぐためだったという。昔は人胆を入れた売薬がひそかに売れたそうである。

7

日本人の弔いの源流

①モガリ葬

モガリ

古代日本では、死者を室内または庭上に置いたまま、二、三年の風化を待った後、陵墓などに埋葬した。この死体が完全に朽ちるまでの風葬の期間を「殯《もがり》」という。殯の風習は、土葬墓地に厳重に囲いを設けるモガリ葬という形で最近まで残った。五來重『葬と供養』によると、モガリ葬にはいくつかのパターンがある。この絵は青竹をそらして、てっぺんを束ね、埋葬地を囲っている。左は青竹を外側に、右は内側にそらしている。形状がアユ獲りなどの漁具に似ていることから「モンドリ型モガリ」という。

モンドリ型モガリ

滋賀県彦根市甲良町金屋には、非常に凝った造りの「モンドリ型モガリ」があった。金谷の老人の証言によると、造り方は絵のとおり。左上から反時計まわりに、①埋葬地の周りに青竹を立てる。②青竹を内側にそらし簀巻きにして締め、てっぺんで束ねて円錐形を作る。③できあがったモガリ。仏塔に似ていることからパゴダ（仏塔）風モガリともいう。てっぺんのほうは、横綱の縄のような太い縄で縛られている。縄を三つ編みにして太さを調整しながら縄ないをして作った。「縄ないは一番手間のかかる仕事でした」と長老は言う。さらにその上のほうには野辺送りで持参した提灯、四花（⇩40頁）を飾った。

狼はじき

モガリ葬のいくつかのパターンの一つで、「狼はじき」という。または「犬弾き」ともいう。埋葬地の地面を、先の鋭くとがった青竹を上にして串刺した。埋葬地を掘る獣を避けるという意味があるという。この狼はじきは、奈良市月ヶ瀬の霊園にあった。同様のものとして『語彙』には、「弾き竹（ハジキダケ）」という言葉で「近江高島郡西庄村（滋賀県）では、棺を埋めた上に先を割った竹を立て、四方に曲げて挿す風があり、これを弾き竹と呼んでいる」とある。また「岡山市外今村地方にもこの風はあるが、小児の場合だけらしく、竹を細く割って目の粗い籠を伏せたように横縦十文字に挿す」という。

井垣型モガリ

埋葬地を板塀で四角く封鎖したモガリの一つを「井垣型モガリ」という。真言宗では、弥《み》勒《ろく》兜《と》率《そつ》天《てん》の宝殿に擬し、埋葬地を四十九本の塔婆で囲ったことから四十九院ともいう。この井垣型モガリは、奈良盆地の東側、茶畑が美しい山間部の土葬の村に、いくつも残っていた。

下の雪の中の井垣の絵は、滋賀県の湖北、余呉の村にあったもの。こちらは四十九院のように名称が記された塔婆ではないが、同じ形をした板塔婆で四角く囲っている。この井垣型モガリは浄土真宗である。

霊屋《たまや》

モガリ葬のタイプの一つに「家屋型モガリ」がある。埋葬した上に置く小さい建物のことで、多くはお宮をかたどった宮型の造りで、「霊屋」ともいう。『語彙』によると、「埋葬地の上に屋形を据えて、これを霊屋と呼ぶのは九州に多い」という。しかし地域性もさることながら、神式葬儀とのかかわりも大きいと思う。奈良県十津川村の神式葬儀では、「ひおい」という宮型の屋形（霊屋）を作り、埋葬墓地の上に置く。ひおいは日よけという意味である。野辺送りの道中では、棺の上に載せて運び、埋葬墓地の上にこれを置いた。同様に与論島（鹿児島県）の神式葬儀では、棺の上にかぶせてある屋形（霊屋）は、「ガンブタ」という。龕《がん》（遺体を納める棺）のふたということだ。ひおいと同様に、棺の上に載せて運び、墓地では埋葬地の上に置いた（⇩「孫の輿」104頁）。

スズメ堂

霊屋と同じく、家屋型モガリの一タイプ。『語彙』には、長崎県の「五島の宇久島で木造の霊屋のこと」とある。五來重は、スズメは鎮めのことで鎮め堂という意味だと推測している（『葬と供養』）。この絵は、奈良県十津川村で行われる神葬祭で使われた白い祠型のスズメ堂である。埋葬墓地の上に、事前に川原で拾ってきた丸い清浄な白石を置く。これを玉石と呼んでいる。玉石を目印にして、その上にスズメ堂を据えるのである。

スヤ

家屋型モガリの中でも、屋根と四壁を持った家屋型の霊屋と異なり、埋葬墓地の上に屋根だけが立ったものを「スヤ型モガリ」という。須屋と書く。『語彙』には「対馬（長崎県）の比田勝、壱岐（長崎県）、隠岐（島根県）等の島々で、墓を覆うておく屋形のこと。隠岐では墓石はたいてい三年五年、遅きは十年以後に初めて建立する風であって、それまでは木造のスヤで覆うておく」とある。

埋《い》け墓

ふつう古い日本の墓地は、遺体を埋葬する埋め墓と、墓参りをする参り墓の敷地を分けている。これを両墓制という。「埋け墓」は死者を埋ける墓、つまり埋葬墓地のこと。ここまでに紹介したいくつかのタイプのモガリは、埋葬地の上に作られている。葬式のない常の日に訪ねると、この絵のように、幽霊の出てきそうな荒涼とした草地になっていることが多い。そこに墓地を守る門衛のように六体地蔵が立っている。

後生車・賽《さい》の河原

柱の穴に鉄製の軸をもった木製の車をはめこみ、念仏を唱えながら車を回して死者の供養をする。これを「後生車」という。またはこの絵のように籠に石を積んだ後生車は別名「賽の河原」とも呼ばれた。「これはこの世のことならず、賽の河原の物語……」。地蔵和讃に出てくる賽の河原は、親より先に死んだ子どもの石積みの話を伝える。「賽の河原と呼ばれる地は現在極めて多い。そして多くの小児の死に関連した石積みの話を伝えているようだ。これはたぶん、仏教からかの影響であって、その一つ以前の形があったはずである。私はその所は、小児だけには限らぬ一つの葬送地であったらしいという想像を抱いている」（『語彙』）と柳田國男は述べている。

7

日本人の弔いの源流

② 風葬

洞窟型モガリ

風葬用の洞窟墓のこと。五來重は、いくつかのタイプに分類したモガリ葬の中でも、土葬に先行する古いモガリのタイプとして「洞窟型モガリ」を挙げている（『葬と供養』）。洞窟型モガリでは土葬ではなく、風葬が行われた。遺体を土に埋めなくとも、洞窟そのものが死霊を封じ込めるモガリの役割をするというわけだ。風葬は、沖縄諸島で長く続いた。明治維新政府は風葬を禁止したが、規則は守られることなく、遺体を地上に据え朽ちさせる風葬は、その後も洞窟で長く行われた。沖縄本島に最も近い与論島には、いまでも風葬した洞窟におびただしい白骨が眠っており、島民の聖地となっている。

キチバカ

崖の洞窟にあった墓のことを、キチ墓と呼んだ。「八重山列島石垣島（沖縄県）で、天然自然の断崖に横穴を掘り、入口を石で積み上げた墓」（『語彙』）。さらに、いっそう原始的な形として、自然の洞穴を利用した共同墓所があり、千人墓とも称していたという。

与論島（鹿児島県）にも自然の洞穴を利用した風葬墓所が残っている。沖縄本島の北端、国頭村がすぐ目の前に見えるキチ墓である。その洞穴には無数の琉球王朝の巫女、ノロが風葬されている。ノロの眠る石棺と思われるものもあった。

イゴウナ

「八丈島（東京都）の諸所にこの名称の地があり、人骨散乱していた。前代の葬地は今は多くは林藪となり、人々の近づくことを厭う所になっている」（『語彙』）。「ウナはたぶん洞のことである」という。『葬と供養』によると、洞窟は古来より風葬地であることが多く、「黄泉の国へ通う穴であるといったり、胎内くぐりの擬死再生儀礼をおこなう信仰があったり」して、ここに死者を葬るようになったという。

トフロ

奄美大島（鹿児島県）で死者を納め風葬する穴蔵のこと。「三年忌にその骨を洗い、トフロの奥の石櫃や南京焼の壺に、先祖の遺骨といっしょに納めるのである」（『語彙』）という。

与論島（鹿児島県）の場合、一族の風葬墓所のことを「ジシ」という。この絵はある一族のジシのなかのトフロ。完全に風化された白骨や白骨を入れる南京焼の壺が散乱していた。

シルフィラシ

「沖縄で家族墓の中の空地のことで、洗骨するまで棺を置く所をいう。（死体の）液を乾かしむるという意味である」（『語彙』）。

与論島（鹿児島県）在住のTさんの一族のジシを訪ねると、目の前に小さな祠がある。奥のほうに珊瑚岩で囲われた洞窟があり、無数の白骨が積み重ねられていた。Tさんの曾祖母も亡くなると、ジシまで野辺送りの行列が組まれ、祠のある場所の前に棺ごと置かれた。完全に白骨化すると、骨を洗い清め、カメ（瓶）に納骨されるか、またはそのまま洞窟に葬られたという。

後生山・ハミゴウ遊び

『語彙』によると、沖縄の津堅島では、以前は風葬が行われた。「死体をムシロに包んで後生山と称する藪の中に放って置き、家族や親戚朋友が死体が腐乱して臭気の出るまで、毎日のように来て死人の顔をのぞいて帰る。死人が若者であったら、生前の友達が毎晩、楽器酒肴を携えて訪れ、死者の顔をのぞいては踊り狂って死霊を慰める習いがあった」という。明治の中ごろまで風葬のあった与論島（鹿児島県）では、昭和の初めごろ、風葬の洞窟で若い男女が集まり、三線と踊りに興じたという。それを「ハミゴウ遊び」と呼ぶ。この絵はその様子を描いた。ハミゴウとは神濠と書き、洞窟のことである。

喪《む》家《や》

奄美群島（鹿児島県）の喜界島では明治初年まで風葬が行われ、その場所を喪家《ムヤ》と呼んでいたという（『語彙』）。風葬とは遺体を自然に朽ちるまで放置する、土葬・火葬に先立つ自然葬の一つである。遺体を納めた棺を埋葬せず、筵で包み、雨露をしのぐ程度に上からクバの葉で覆ったという。三年以上経過し完全に白骨化すると、骨を洗い清め、瓶《かめ》に納骨されるか、またはそのまま洞窟に葬られた。この絵は、奄美群島の最南端の与論島で現在も残る、ある一族のムヤ。与論でも風葬は明治の初めごろに禁止令が出たが、島民は風葬をやめるにしのびず、明治三十五年、風葬禁止が徹底し、土葬に移行するまで続いた。

8

四十九日・初盆・弔いあげ

参り墓

埋け墓、サンマイと対比して、死者供養のためにお参りする墓。お参り用の石塔墓が建立されている。人が亡くなると、亡骸が朽ちるまで埋け墓に葬られ、魂は浄化されると埋け墓から参り墓に移ると考えられている。「大阪府豊能郡田尻村では、イケ墓（埋け墓）に対するものを参り墓と称し、家近くに戸ごとまたは二、三軒ごとにあり、石碑はここに建てられている」（『語彙』）。

私自身何度か調査に訪れたことのある隣村の豊能郡能勢町には、整備の行き届いたお参り用の屋敷墓がいくつも並び、それとは対照的に村の外れに荒涼とした埋め墓があった。

忌中払い・ふるさと

葬儀後、喪に服している期間を忌中という。今は葬儀の翌日には仕事に戻るが、もともと忌中は四十九日の中陰までを意味し、忌中払いをした後それぞれの生業に戻った。この絵のように、滋賀県伊吹山の村では忌明けまで、亡くなった人の着ていた肌襦袢を、十字にした青竹に通して、腰部分を麻縄でしばり、家の軒高くかかげた。この肌襦袢には片袖がない。もいだ片袖は、湯かんのとき死者を拭うのに使ったのである（⇩「湯かん」54頁）。亡くなった人は、自分の生まれ育った共同体のみなに見送られ、旅立った。このはた指物《さしもの》を、伊吹山の村では「ふるさと」と呼んでいる。

釘モチ

地獄を描いた「熊野観心十界曼荼羅」に、亡者が鬼に釘を打たれる絵が描かれている。絵の後ろのほうには、器に盛られた餅に釘が刺さっている。熊野三山に属し諸国を遊行した有髪の女性宗教者、熊野比丘尼《びくに》の地獄絵解きによく用いられた。

『語彙』には「佐賀地方で四十九日の仕上げの餅を釘餅という」とある。続けて「阿弥陀には二つ重ねの大餅を、新仏には四十九の小餅を供え、後にこの大餅を砕いてその一片に小餅を二つ添えて親族に配る。この法事を『四十九日のクギヌキサン』という」。

釘念仏

『語彙』によると「佐渡（新潟県）の小比叡では、葬式の出たあとで、村の人たちが釘念仏という和讃を唱え」たとある。亡者が地獄の鬼に打たれた釘を抜く意味があったのだろう。五來重はさらに詳しく釘念仏を解説している。この絵のように、黒い五輪の塔に描かれた絵札に白丸が描かれている。白丸は地獄の鬼の釘を表している。親族は釘念仏一万遍を唱えるごとに黒く塗りつぶした。四十九日目に四十九の釘が全部抜けて、死者は地獄の苦を救われる功徳があったという（『葬と供養』）。

悔み念仏

葬儀後四十九日まで、村の念仏講が唱えた念仏のこと。「信州南佐久郡（長野県）では葬式の当夜、念仏講中の老幼婦女がその家に集まり、合誦するものを悔み念仏と言った。この風は明治以降多く亡びたという」（『語彙』）とのことだが、今でも土葬の残る村などで、悔み念仏は存続している。奈良市大柳生、大保町などでは、葬式の当夜はもちろんのこと、忌明けの四十九日まで一日も欠かさず村人が集まり、西国三十三所観音霊場巡りなどのご詠歌を、毎晩歌い続けるという。

願ほどき

生前立てた願でかなわなかったものを解くための作法を、「願ほどき」という。「佐渡河原田町（新潟県）では葬家の門口に、かなめを取り去った白扇と一つまみの塩を白紙に包んだものとを苧糸で青竹に結んで立てる。それを立願《りゅうがん》解《ほど》きといい、後に火葬場に捨てる」（『語彙』）という。

「隠岐（島根県）の中村でも出棺時に、一升桝に米を入れて扇子をのせ、全くの他人が捧げて来て『諸願成就願ほどき』と大声に叫びながら、米を撒き扇子を捨てる風がある。病気回復を神仏に立願しつつついに死滅したという特別の場合にのみ、これを行うという地方もある」といった具合に、願ほどきはかなり広く分布している。

モノオイ（ムヌウイ）

沖縄本島で、お葬式の夜、家の人が集まり屋内に丸く坐し、戸を閉じて、戸口に臼を伏せ、その上にまな板や包丁を置く。「それから塩水、炒り五穀、木片を持った男のうち、第一の者がアネアネと叫んで塩水をかけると、第二の男が炒り五穀をまき散らしつつクネクネと叫び、第三の者がタマタマと叫びつつ木片を打つ。それから臼を蹴とばし、ひどい勢いをもって昼間葬式の通った道筋を行って曲がり角でいっしょにワーと叫んで、持ってきた手中の豆を投げる」。「おそらく死霊を追い払うための行事である」と『語彙』に書かれている。

三日の洗濯

「丹後舞鶴地方（京都府）では死後三日目すなわち葬式翌日、近親の女が死者の着ていたものや敷いていたものを川へ洗いに行く。この際は必ず刃物を持参する。これを三日の洗濯という」と『語彙』にある。洗って来ると、三日間北向きに陰干しするという。

「死者生前の着物をもって願戻しをする風は、西日本のところどころにある。これをまた水で洗うことを中陰行事の一つと数えている所が多い。ただ前者を無縁の人に委ねる所が多いのに対して、後者は普通にごく近親の女性の責務となっているようである。単に洗って干すというだけではなく七七日の間たびたびこれに水をかける等、幾通りかの特別の作法が伴っている」と柳田國男は考察している。

洗いざらし

産死者や水死者の供養のために行う水辺での儀礼を「洗いざらし」という。この絵のように、佐渡（新潟県）では産婦が亡くなった場合、川に四本の柱に赤布を張り渡したものを立て、竹のひしゃくを添えておき、通行人に水をかけてもらう。布の色が褪せるまでホトケは浮かばれないという。

愛知県豊橋地方では、「道端の小川辺り等に棚を設け塔婆を祀り、死者の用いた筬《おさ》（織機の用具）を吊るしおき、夫は毎日水向けに行き筬の竹を一本ずつ折って帰り、それがなくなるまで続けた。道を行く無縁の者も同じことをした」（『語彙』）という。

流れ灌頂

佐渡（新潟県）の洗いざらしの風習を、別名「流れ灌頂」ともいう。「三日の洗濯」（⇩173頁）で見たような死者の着物を洗う水かけ着物の作法と同様、産婦死亡の場合に行う流れ灌頂も広く地方に分布している。

流れ灌頂はまた、川施餓鬼供養の一種でもある。つまり特定の死者を弔うのでなく、浮遊する餓鬼の死霊を供養する。そのために、塔婆や幡を海辺や水辺に建立したり、または流す。この絵は高野山奥の院の流れ灌頂。塔婆は水子供養のものや若くしてなくなった産婦のものも少なくないという。

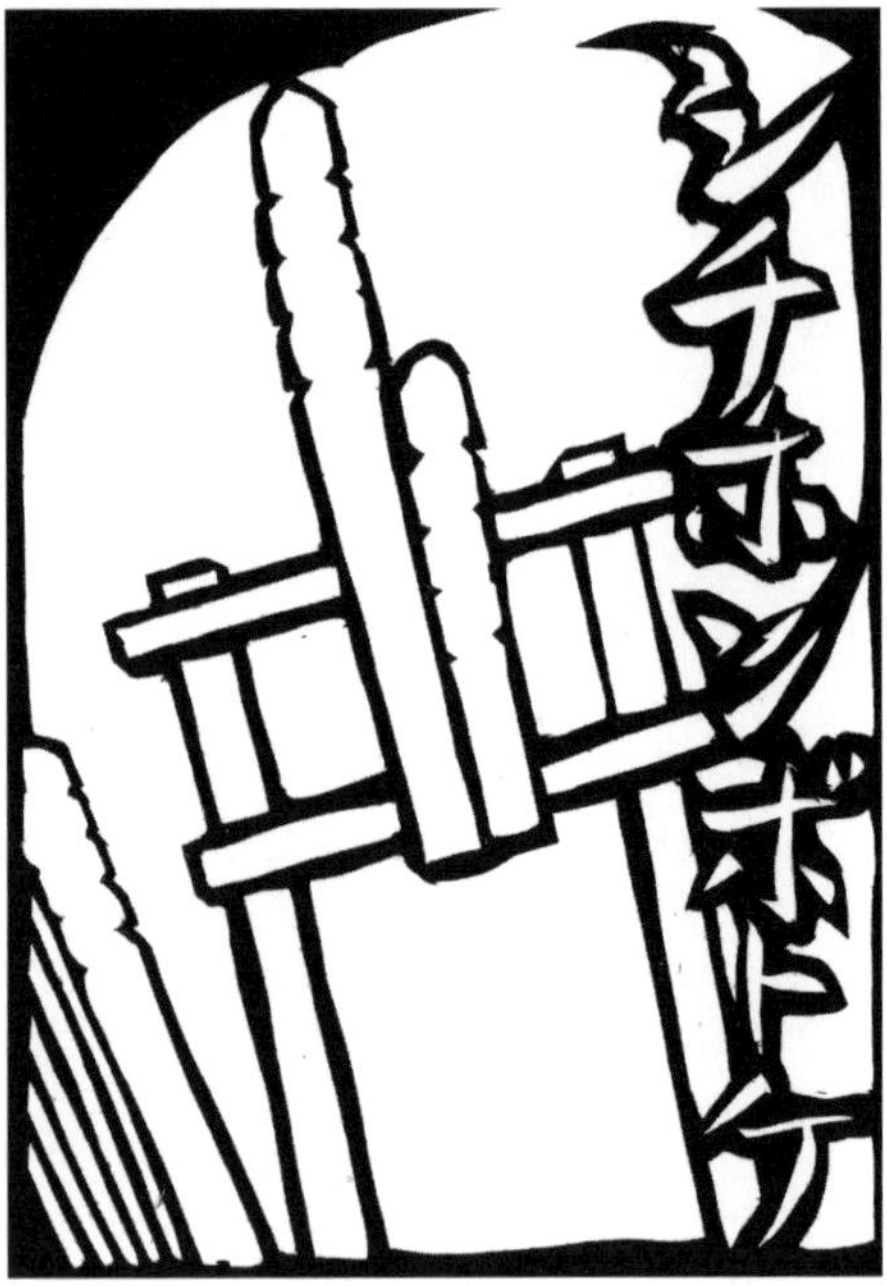

七本仏

初七日から七日ごとに、四十九日まで七本、墓地に立てる塔婆。七本塔婆のこと。遺族は葬儀後、七日ごとに塔婆を携え墓参りした。真言宗の場合であれば、初七日は不動明王、二七日は釈迦如来、三七日は文殊菩薩、四七日は普賢菩薩、五七日は地蔵菩薩、六七日は弥勒菩薩、七七日は薬師如来の真言を書いた塔婆である。葬儀後、七本塔婆を埋葬墓に立て、毎週の墓参りごとに一本ずつ抜いていく地域もある。

七《なの》日《か》目《び》看《かん》経《き》

『語彙』によると、岡山で、火葬後の遺骨を床の間に飾り、七日間村の人が集まって御看経する。これを「七日目看経」という。看経はもともと経典を黙読することだが、後に声を出して読経することと同義になった。御看経を終えた後、遺骨は埋葬されたという。村人の念仏やご詠歌講の集まりは、自然な信仰心を育て、村人の娯楽・憂さ晴らし、歓びになったようだ。『夜這いの民俗学』（明石書店）で赤松啓介は「正月の薬師講の夜、若衆入りした十五歳の青年と女性がオコモリする」ことを取り上げ、女性たちが般若心経やご詠歌を若衆に教え、飽きると、一つ布団に男女が同衾するという話を紹介している。

精進あげ・お棺割り

四十九日で喪に服す忌中期を満了することを「精進あげ」という。三重県島ヶ原に、精進あげの法要の朝、親族がめいめい鍬を持ち、埋葬された墓の土を掘り返していく村があった。棺にぶつかると親族は鉈でふたをたたき割った。棺の中から、まだ完全に白骨化していないホトケの顔が覗いた。ひげや髪の毛が伸びていることもあったという。昭和五十年代半ばまであったこの壮絶な弔いの奇習を「お棺割り」という。なぜそうしたのか。島ヶ原の寺のある地域は土地が狭いので埋葬墓と参り墓が一つの「単墓制」であった。しかし土質は柔らかだった。そのため埋葬した棺も遺体も朽ち、棺の中の空洞が押しつぶされ、墓地がへこんだ。その結果、石塔墓は目に見えて傾くのだ。四十九日に墓をあばくのは、墓の倒壊を未然に防ぐためという。

仏降ろし

巫女に死者の口寄せを頼むことを「仏降ろし」という。「羽後仙北郡神代村（秋田県）では、最初の仏おろしは特別の事情なき限り葬式を出した晩に行う。エチコオロシとも言う。最近は盲巫女少なく、『旭』という目あき巫女である。ちなみに一家に年内に二人も死人があると、死人のまた続くを恐れて、二度目の棺の中に紙を貼って人の顔を描いて横槌を一つ入れる。その横槌の霊を念じておろすことがある。その文句は横槌の生活を叙述するのであるという」（『語彙』）。イタコに限らず巫女に死者の口寄せを頼むことは全国に広く分布している。近畿地方では「巫女聞き」と呼んだ。

四十九モチと笠モチ

四十九日に作った四十九個の小餅を「四十九モチ」、大きな餅を「笠モチ」という。『語彙』には「これを中陰明けの（血族の）食い別れの行事としている所がまた多い」とある。この絵の上の段、おひつに四十九モチを入れ笠モチで蓋をする様式や、木箱に入った四十九モチに四本の棒を立てその上にカサモチを載せるなど、様々なパターンがある。下の絵は、笠モチをヒトガタに切っている。ヒトガタのモチは死者の肉体を意味した。たとえば肩の悪い人は肩部分を食べれば肩がよくなるという伝承がある。京都市南区上鳥羽では今でも四十九日に、この絵のように笠モチをヒトガタに切り、集まったみなで食べる。

嫁ご

葬式のあった家では当分の間いろいろな遠慮をするが、その年は他家の養蚕室へ行ってはならないとされている。桑も近くで買ってはならず、遠方で買わねばならない。神奈川県の相州津久井郡では、親が死んでからはじめての養蚕には、カイコを集落中に配った。ていねいな家では、それに桑の葉をそえた。このカイコのことを「嫁ご（嫁蚕）」と言った（『語彙』）。カイコのように働き者の嫁ということとか。養蚕が村の重要な産業であった時代、米についでカイコにまつわる弔いの風習は多い。この絵は羽化したばかりの蚕の成虫。

墓ヌナ

「沖縄で墓前の一定の空き地を墓庭《ハカヌナ》と言い、普通は石垣で囲われた二、三坪から十二、三坪の広場であり、そこで祖霊を祭り、また親族故旧相集まって悲しいことも楽しいことも共に味わう場所であった」(『語彙』)。

『葬式――あの世への民俗』(青弓社)を記した写真家、須藤功氏は「八重山では旧暦正月十六日、家族そろって墓前で一時を過ごす。『十六日祭』といい、ほぼ一日、墓前で過ごす家もある」と書いている。

毛替え

「近江高島郡（滋賀県）では、馬を飼っている家でその戸主が死ぬと、毛替えとて変わった毛色の馬と買い替える風がある。四国にはこの習わしが強く、阿波の徳島地方でも死人のあった家では、猫犬鳥を他へやってしまい、これをケカエと呼んでいる」（『語彙』）。

死穢やタタリを封じるしきたり、禁忌行為として、京都府南山城村では、家族が死亡したときには家で飼っていた犬や猫を生きたまま麻袋に入れて橋の上から川へ流したり、牛を交換してもらったという。

精霊棚

お盆の迎え日には、新しいホトケを迎える独特の精霊棚を、ヒノキの葉や竹を切ってきて作る。この絵の右は奈良市の東側山間部にある大保町の初盆棚。精霊棚のなかには、新しいホトケの位牌を供え、地面から棚まで、木のはしごをかけた。地元の人の曰く「ホトケさんが登ってこれるように」である。正月の初棚については、東北地方では、丸い握り飯に箸を一本ずつ刺し、箕の上に載せて供え、年の暮れ、正月に新ホトケを祀ったと、『年中行事図説』（柳田國男監修、岩崎美術社）に書かれている（左の絵）。

初棚

初盆のとき、故人があの世からの行き帰りに使う、ナスビとキュウリでかたどった動物の乗り物。

盆の行事を理解するうえで、フランスの歴史学者ミシェル・ヴォヴェルが書いた『死の歴史――死はどのように受けいれられてきたのか』（池上俊一監修、創元社）のなかの「日本における死者の祭り」が面白い。「日本では死者は生者より大勢いるとされる。というのは、死者の魂は遠い世界に旅立つのでなく、すぐむこうの大地や空、海に住み、従って生者の近くで彼らを見守っているからだ。年に四回、それぞれ生まれ故郷の村に帰った魂は、子孫の祈りや供物を受けるために集まり、その代わり彼らに富や幸福、長寿をもたらす。最も大きな死者の祭りは第七月の満月の日に行われる」。旧暦七月満月の日とはお盆のことである。

しんもう灯籠

「新盆の家に限って、特別の灯火を設ける風は全国的である。壱岐石田村（長崎県）では盆の十三日の朝に、新盆の家に親戚が寄ってシンモー灯籠というのを作り、墓場と軒に飾る。二十日に観音堂へ納めるが、これは一年だけである」（『語彙』）という。

『葬式——あの世への民俗』（須藤功）には、大分県宇佐市「長洲の新盆の家では（中略）部屋いっぱいの大きな灯籠を作る。城や豪邸など凝りに凝り、模型のモーターを使ってカタコトとまわる小さな水車を作ったり、実際に水の流れる庭園を組み込んだりする」という。

迎え火・送り火

迎え火は、お盆のときの先祖の霊を迎え入れるために焚く火のこと。奈良市のいまも残る土葬の村では、初盆の棚で勤行の後、用意していた麦わらをろうそくの火で点火し、家の外に出て、田んぼのあぜ道沿いで勢いよく迎え火を燃やした。

送り火は、京都五山の送り火に代表され、盂蘭盆《うらぼん》の最後の日の夕方、門前に焚く火のこと。地域によって風習は様々で、初盆を迎えるときに作った灯籠を墓地などに運び、燃やして送り火を焚いた。

うれつき塔婆

弔いあげ、すなわち弔いの最終年を、十七回忌、三十三回忌とするところは多い。柳田國男は「七回忌をもって終わりとする地方もある。浄土真宗の地などで百年回（百回忌）という所もあるが、常民の間において古い習慣とは思われない」としている。伊勢飯南郡（三重県）の森村では「三十三年忌に立てる生葉のついたままの杉の木の塔婆」を「うれつき塔婆」というと、『語彙』にある。

滋賀県信楽の村の浄土宗寺院で聞いた話だが、ある男性が八十歳のとき、「あと七年生きたい。七年後が若死にした妻の五十回忌だから」と言った。男性は生きのび妻の五十回忌をやり遂げた。その席で自分の死んだ後の妻の百回忌法要を住職に託したという。住職も生きていられるかわかったものではないが。

あとがき

私が近畿地方を中心に昔のお葬式の聞き取りを始めたのは、一九九〇年代初め、大阪府の能勢町での土葬の調査を皮切りとする。当時は大阪府下でさえ土葬はまだ残っていた。

本格的な調査を始めたのは二十一世紀になってからである。隔月刊誌『ＳＯＧＩ』で「弔いの系譜――仏教・民俗」を十年間連載し、調査を始めてから現在までざっと二、三十年が経つ。

調査の直接の動機は、土葬の習俗が近いうちに消滅すると肌で感じ取ったからである。その時点で土葬の村が奈良市の山間部を中心にまだ濃厚に残っていた。最近この本のために土葬の村を再び訪れたが、土葬の風習は確実に消滅に向かっている。日本人は昔の弔いのなかで死や死者に対してどう向き合ってきたのか。土葬が完全に消滅する前に、掘り返すことができたのは幸運だったと思う。

この本が出るまでに多くの方々にお世話になった。現在もまだ土葬が残っている奈良市の山間部の村の人々、和尚さん、聞き取り調査のきっかけになった滋賀県各地のみなさんなど、名前は挙げきれないが、感謝したい。この本の出版には、創元社の渡辺明美編集局長にご配慮いただき、またフリーの編集者、原章さんには企画から編集作業に至るまでお世話になった。ありがとうございます。

二〇二〇年八月十六日　　著　者

な行

は行

ま行

や行

ら行

わ行

用語索引

著者略歴

高橋繁行（たかはし・しげゆき）

一九五四年京都府生まれ。ルポライターとして科学、人物、笑い、葬式を主要テーマに取材・執筆。高橋葬祭研究所を主宰し、『ドキュメント現代お葬式事情』（立風書房）、『葬祭の日本史』（講談社現代新書）、『死出の門松』（講談社文庫）、『看取りのとき――かけがえのない人の死に向き合う』（アスキー新書）、『寺・墓・葬儀はなぜ高い?』（飛鳥新社）、『土葬の村』（講談社現代新書）など死と弔い関連の著書が多い。雑誌『SOGI』で「弔いの系譜――仏教・民俗」を約十年連載。絵・イラストを描き、切り絵の個展を何度も開催。紙芝居形式の絵本DVD『あなたの村の野辺送り――日本のお葬式』を制作している。

お葬式《そうしき》の言葉《ことば》と風習《ふうしゅう》

――柳田國男《やなぎたくにお》『葬送習俗語彙《そうそうしゅうぞくごい》』の絵解《えと》き事典《じてん》

二〇二〇年一〇月二〇日　第一版第一刷発行
二〇二四年一〇月一〇日　第一版第九刷発行

著者　高橋繁行
発行者　矢部敬一
発行所　株式会社 創元社
〔本　社〕〒五四一-〇〇四七 大阪市中央区淡路町四丁目三-六
電話 〇六-六二三一-九〇一〇(代)
FAX 〇六-六二三三-三一一一
〔東京支店〕〒一〇一-〇〇五一 東京都千代田区神田神保町一-二　田辺ビル
電話 〇三-六八一一-〇六六二
ホームページ　https://www.sogensha.co.jp/
印刷所　株式会社 フジプラス

〈検印廃止〉落丁・乱丁のときはお取り替えいたします。

ISBN978-4-422-23041-2　C0039